Heide Neukirchen

Der Pharma-Report

Das große Geschäft
mit unserer Gesundheit

Knaur Taschenbuch Verlag

Besuchen Sie uns im Internet:
www.knaur.de

Vollständig überarbeitete und aktualisierte Taschenbuchausgabe
Mai 2006
Knaur Taschenbuch.
Ein Unternehmen der Droemerschen Verlagsanstalt
Th. Knaur Nachf. GmbH & Co. KG, München

Redaktion: Marko Jacob
Umschlaggestaltung: ZERO Werbeagentur, München
Umschlagabbildung: FinePic, München
Druck und Bindung: Nørhaven Paperback A/S
Printed in Denmark
ISBN-13: 978-3-426-77876-0
ISBN-10: 3-426-77876-9

5 4 3 2 1

Knaur.

Knaur.

Über die Autorin:
Heide Neukirchen hat Volkswirtschaft studiert und viele Jahre lang als Wirtschaftsredakteurin bei *Capital,* der *Wirtschaftswoche, Welt am Sonntag,* dem *manager magazin* und beim *Südwestfunk* gearbeitet. Ihre Themenschwerpunkte: Pharma, Chemie, Biotechnologie und Managerporträts.

Inhaltsverzeichnis

Einleitung

Es gibt Errungenschaften, auf die wir alle warten. Die erste Pauschalreise zum Mond, Energie im Überfluss und vor allem die Formel für den Jungbrunnen.

Wirtschaftsrekorde regen weit weniger die Phantasie an. Ein Beispiel: 2005 schluckten weltweit sage und schreibe fast zwanzig Millionen Patienten den Cholesterinsenker Sortis des US-Konzerns Pfizer. Sie hatten nämlich das gute Gefühl, damit ihr Herzinfarktrisiko zu senken. Mehr interessierte sie nicht. Aber dennoch trug jeder mit seinem Tablettenverbrauch zu einem Meilenstein in der Geschichte der Pharmazie bei.

Im Jahr 2004 durchbrach Sortis die Umsatzmarke von 10 Milliarden Dollar. Das entspricht dem Umsatz, den der Waschmittel-, Kosmetik- und Klebstoffhersteller Henkel mit seinen siebenhundertfünfzig Marken von Persil bis Pattex im Geschäftsjahr 2003 eingefahren hatte. Wenn Henkel weiß, was Frauen brauchen, weiß Pfizer noch viel besser, was Patienten gesund macht.

Ein Medikament, das so populär ist wie Persil und Coca-Cola, ist für ein Unternehmen ein wahrer Schatz. Wer den Cholesterinsenker seinem Eigentümer Pfizer abkaufen wollte, müsste 35 Milliarden US-Dollar auf den Tisch blättern. Diese riesige Summe haben die Pharmaspezialisten der Unternehmensberatung McKinsey errechnet und einen erstaunlichen Vergleich gezogen. Für die Hälfte des Geldes hätte ein Käufer zwanzig Jahre früher die drei größten Pharmakonzerne der

Welt mit allen Grundstücken, Fabriken, Verwaltungsgebäuden, Lizenzen und Patenten an der Börse kaufen können. Was für eine atemberaubende Entwicklung. Was für ein Überschwang.

Sortis, international unter dem Namen Lipitor vertrieben, ist ein »Blockbuster«. So nennen Fachleute Ausnahme-Arzneimittel ab 1 Milliarde Dollar Umsatz im Jahr. 1987 gab es den ersten Blockbuster. Sein Name war Zantac, produziert wurde er von der Firma GlaxoSmithKline und half bei Magenbeschwerden. Anfang der neunziger Jahre hatten sieben Medikamente den Blockbuster-Status erklommen. Heute sind es beinahe einhundert. Die größten Blockbuster senken den Cholesterinspiegel, helfen dem Magen und heben die Stimmung.

Die Unterhaltungsindustrie, die sonst lieber selbst den Ton angibt, entlehnte flugs den Begriff aus der Pharmabranche als Synonym für etwas Gigantisches eigener Machart. Heute ist ein »Blockbuster-Movie« ein Film der Superlative. Ein Zuschauermagnet. Ein Kassenschlager.

Das ist bei den Pharmamultis nicht anders. Die Finanzchefs nennen Blockbuster liebevoll »Diamanten«. Pfizer macht mit den 10 Milliarden Dollar Lipitor-Umsatz 8 bis 9 Milliarden Dollar Bruttogewinn. Der US-Konzern hat damit den größten von Menschen gezüchteten Dukatenesel auf die Beine gestellt. Von vergleichbar surrealen Renditen können andere nur träumen.

Alle Pharmaunternehmen fiebern natürlich nach solchen Geldbringern. Diese Blockbuster-Sucht hat zu krassen Fehlentwicklungen geführt.

- Immer größere Unternehmen, genannt »Big Pharma«, beherrschen den Markt. Sie saugen Wettbewerber, junge

Biotechfirmen und interessante Produktentwicklungen auf wie Schwämme das Nass. Triebfeder ist die Angst der Bosse, der eigene Blockbuster-Vorrat könnte zu Ende gehen und der Wert ihrer Aktien abstürzen.

- Die Fusionen gehen weiter. Fachleute rechnen mit einer Elefantenhochzeit pro Jahr. Eine früher in der Pharmawelt wenig beachtete Klasse, die der Analysten und Investoren, giert nach Erfolgsmeldungen. Die Konzernleitungen müssen liefern. Das sorgt für permanenten, kurzfristigen Druck in einer Industrie, die gewöhnlich in Zehnjahreszyklen denkt. Hochburg des pharmazeutischen Fortschritts sind die Vereinigten Staaten. Ob es uns passt oder nicht: Amerika ist der Nabel der Pharmawelt. Europäische Unternehmen müssen sich in den USA durchsetzen, sonst haben sie verloren.
- Die Multis betreiben weltweit jeweils fünf bis zehn Forschungszentren. Jeder von ihnen investiert jährlich bis zu 7,5 Milliarden Dollar in die Entwicklung neuer Medikamente. Trotzdem muss die Forschung gegen seltene Krankheiten staatlich gefördert werden. Die Börsengesellschaften konzentrieren ihre Kräfte auf Indikationen mit hohen Patientenzahlen in kaufkräftigen Volkswirtschaften. Die Fettleibigkeit der Amerikaner war ihnen vierzig Jahre lang wichtiger als die Malaria-Kranken in Afrika. Nicht der Mensch steht im Mittelpunkt, sondern die Ergiebigkeit der Märkte.
- Marketing ist die neue Kernkompetenz der Industrie. Selbst Arzneimittel zur Linderung schwerer Leiden und zur Rettung von Menschenleben werden kühl kalkuliert vermarktet. Das gilt um so mehr für Medikamente zur Lebensverbesserung. Sie heißen »Lifestyle Drugs«. Ihre Erfolge hängen am Tropf von Werbe- und PR-Aktionen.

Mittelgroße Pharma- und Biotechunternehmen können bei diesem Monopoly nicht mehr mithalten. Sie fallen zurück und übernehmen die Rolle von Spezialisten oder Lieferanten.

- Die Schadenersatzansprüche von Patienten, wenn sich ein Blockbuster nicht als sicher erweisen sollte, gehen in die Milliarden. Die Versicherungsprämien zur Absicherung gegen Haftungsrisiken werden immer höher und verteuern die Medikamente.
- Die Blockbuster werden mit einem Wall von Schutzrechten umgeben. Wehe dem, der sie angreift. Die weltweiten Patentauseinandersetzungen verschlingen ständig steigende Summen.

Die Sprache ist verräterisch. Begriffe wie Kampf oder Krieg gehören zum gebräuchlichen Wortschatz der Pharma-Manager. Dabei geht es jedoch nicht nur um den Kampf gegen Krankheiten. »Kill to win« (Tötet, um zu gewinnen) rief Thomas Ebeling, der Pharmachef des Schweizer Konzerns Novartis seinen Außendienstmitarbeitern kurz nach seinem Dienstantritt in Basel zu. Über Ebelings Schreibtisch hingen damals rote Boxhandschuhe und signalisierten »Ring frei«.

Die Ausgaben für Arzneimittel betragen weltweit 600 Milliarden Dollar im Jahr. Sie steigen jährlich mit Wachstumsraten, welche die Finanzen von Bürgern und Volkswirtschaften überstrapazieren. In der Medizin ist eine Explosion der Machbarkeit zu beobachten. Für Krankheiten, die früher nicht behandelt werden konnten, stehen Medikamente zur Verfügung. Die alternde Bevölkerung der entwickelten Volkswirtschaften verschärft das Problem. Zyniker bemerken, der fabelhafte pharmazeutische Fortschritt schaffe sich die Nachfrage selbst. Menschen, die dank moderner Mittel länger leben, bekommen mehr Krankheiten als zu Beginn des 20. Jahrhunderts. Nach dem Herzinfarkt und zwei neuen Hüften vielleicht Diabetes, Krebs oder Alzheimer.

Der Wunsch der Menschen nach ewiger Gesundheit trifft sich mit den Verkaufsinteressen der Pharmaindustrie und den Machbarkeitsphantasien der Ärzte.

Die Politiker hecheln der Entwicklung mit Reglementierungen und Gesetzen hilflos hinterher. Das Resultat, die Kosten in den Griff zu bekommen, ist beklagenswert. Gesundheitsreformen bringen nur kurzfristig Entlastung. Die Bürokratie blüht. Der Trend zur regelmäßigen Einnahme mehrerer Medikamente verstärkt die Furcht der Gesundheitspolitiker vor Nebenwirkungen, die ganze Bevölkerungsgruppen in Mitleidenschaft ziehen könnten. Deshalb machen sie permanent neue Vorschriften.

Der Patient – also der Kunde – nimmt die Entwicklung verwirrt zur Kenntnis. Kaum einer wendet sich enttäuscht ab. Für 88 Prozent der Deutschen ist eine ideale Welt ohne Medikamente nicht vorstellbar.

Diabetiker brauchen täglich ihr Insulin, das ist für sie lebenswichtig. Kinder müssen geimpft werden, denn Vorbeugung ist nötig. Gestresste Angestellte wollen ihren nervösen Magen beruhigen und klagen über Befindlichkeiten.

Sie alle bleiben treue Verwender und greifen zu den tatsächlich unverzichtbaren oder lediglich liebgewordenen Produkten.

Hier und da mag ein ungutes Gefühl aufkommen, in verhängnisvolle Abhängigkeiten zu einer Industrie zu geraten, der man viel verdankt und trotzdem jede Schurkerei zutraut. Die Pharmaindustrie hat ein ebenso schlechtes Image wie die Zigarettenbranche.

Dazu folgendes Testbild: Bei einer Umfrage im Herbst 2003

legten die Meinungsforscher des Kölner Instituts psychonomics in bundesdeutschen Haushalten vier Kärtchen auf den Tisch. Jeweils eins für die Pharmaindustrie, die Ärzteschaft, die Apotheker und die Patienten. Die Befragten sollten ihnen eine Rolle zuweisen.
Apotheker und Ärzte kamen bei den Bundesbürgern ziemlich positiv weg. Sie waren der »gute Onkel« beziehungsweise die »gute Mutter«. Die Patienten schlüpften in die Rolle der »hilflosen Kinder«. Die Pharmaproduzenten mussten die Rolle der »bösen Schwiegermutter« übernehmen.

Dieses Buch will diese total schiefe Familienordnung wieder ins Lot bringen. Es ist zu kurz gesprungen, allein auf die Pharmaindustrie einzudreschen. Was fehlt, wenn sie nicht mehr liefert, kann sich jeder ausmalen. Die Realität ist nicht schwarzweiß. Sie ist bunt und spannend wie ein Krimi.
Der erste Teil des Buches beschäftigt sich mit den Methoden der Pharmaindustrie, Arzneimittel hemmungslos zu vermarkten. Welche Bedeutung haben Werbung und Internet? Welche Rolle spielen die Pharmavertreter? Sind Ärzte käuflich?
Der Einfluss von Politik und Kapital auf die Pharmawelt, die wachsende Macht von Patientenorganisationen, die unzureichende Bevorratung mit lebenswichtigem Impfstoff und die steigende Wut der Patienten auf die Arzneimittelpreise sind weitere zentrale Punkte. Wieviel darf Gesundheit kosten?
Das letzte Kapitel beantwortet die Fragen: Wie sieht unsere Zukunft aus? Gibt es eine Wende zum Besseren, zur Wiederentdeckung der Vernunft oder müssen wir weiter entmündigt schlucken?
Dieses Buch deckt verbreitete Irrtümer auf, analysiert sie und lässt die Fakten sprechen. Im Mittelpunkt stehen innovative,

verschreibungspflichtige Medikamente aus den Labors der internationalen Arzneimittel- und Biotechkonzerne.
Die Lektüre soll gesundes Misstrauen gegen jede Art von Industrie-, Experten- und Arztgläubigkeit stiften. Jeder Patient hat Einfluss. Er muss das nur erkennen und anwenden. Dabei soll ihm das Buch den Rücken stärken, denn nur der schlecht Informierte ist hilflos.

1 Pharmareferenten – Pillenflüsterer der Ärzte

Über zwanzigtausend Pharmareferenten fallen regelmäßig zwischen Berlin, Hamburg und Konstanz wie Krähenschwärme über niedergelassene Ärzte, Kliniken und Apotheker her. Die Allgegenwart der Pharmaindustrie: Hier ist sie mit den Händen greifbar.

Ohne die reisenden Verkäufer, die »Reps«, läuft nichts im Gesundheitsbetrieb. Die Pharmareferenten sind die Nachhilfelehrer der Ärzte. Sie pauken mit den Medizinern im Minutentakt den Stoff durch. Sie bringen ihnen das Einmaleins neuer Medikamente bei und sorgen dafür, dass ältere Arzneimittel nicht in Vergessenheit geraten. Jürgen Bufler, Teamleader im Klinikmarketing der deutschen Tochtergesellschaft des Pharmakonzerns Pfizer: »Auch ein schlechtes Produkt mit schlechter Qualität kann man durch einen guten Außendienst zu erstaunlichen Ergebnissen führen.« Das sollten sich Patienten merken.

Thomas Ebeling, Vorstand beim Schweizer Arzneimittelhersteller Novartis und Chef von weltweit achtzehntausendeinhundert Außendienstmitarbeitern, beschreibt die Reps ohne Umschweife als Teil einer gut geölten Verkaufsmaschine. Ebeling: »Überspitzt ausgedrückt, stellt der Ärztebesucher unsere Werbesendung dar. Er muss genau dieselben Botschaften rüberbringen wie ein Fernsehspot und hat dafür meist nur drei bis fünf Minuten Zeit. Da der Ärztebesuch jedoch ein Dialog ist, muss der Verkäufer sehr gut trainiert sein, um auf Fragen und Einwände der Ärzte reagieren zu können.« Ohne einschlägige Grundkenntnisse hat selbst ein Großmaul, das die Ärzte in Grund und Boden reden kann, in diesem Beruf keine Chance mehr.

Die Pharmaunternehmen investieren in ihre unentbehrlichen Pillenflüsterer hohe Summen. Es sind in Deutschland im Jahr 1,6 Milliarden Euro. Das ergibt 72 Euro pro Vertreterbesuch. Eine einzelne Lektion ist viel zuwenig. Ein Rep muss ein Dutzend Mal vorsprechen, bis er das Medikament im Kopf des Arztes da positioniert hat, wo er es haben will: auf Abruf, wenn ihn Patienten konsultieren.

Das geht mächtig ins Geld und ist mit freundlich-zufälligen Treffen nicht zu schaffen. Die Verkaufsbrigaden der Pharmakonzerne werden so präzise gesteuert wie die mobilen Einsatztruppen beim Militär. Vietnam-Veteranen waren es, die dem US-Außendienst von Pfizer den letzten Schliff gaben. Die Verkaufstruppen des größten Pharmakonzerns der Welt gelten als das Maß aller Dinge.

Nicht nur in Amerika wird kein Detail dem Zufall überlassen. Überall auf der Welt steuern Gebietsleiter die Pharmareferenten aus dem Bühnenhintergrund wie die Geschichtenerzähler ihre Puppen im Marionettentheater. Ihre Hilfsmittel sind keine Fäden. Es sind Kennzahlen wie Besuchsfrequenz, Umsatzsteigerung und Marktanteil.

Die Frage nach dem durchschnittlichen Einkommen eines Reps wird von den Managern mit einer ausladenden Handbewegung beantwortet. Alles ist möglich. Ab 4200 Euro monatlich sind die Gehälter nach oben offen.

Der variable Teil des Gehalts eines Verkäufers ist das Ergebnis eines ausgeklügelten Prämiensystems und der jeweiligen Absatzphilosophie des Herstellers. Wer den schnellen Verkauf im Visier hat, schüttet hohe Erfolgsprämien aus. Unternehmen, die mehr Wert auf die langfristige Beziehung legen, zahlen den

Außendienst nach Tarif und honorieren hervorstechende Leistungen mit einem Extrabonus.

Goldene Tablette

Der schnöde Mammon ist nicht die einzige Antriebsquelle für Einsatzfreude und Ehrgeiz. Am Ende eines langen Jahres werden die erfolgreichsten Pharmareferenten mit allerlei Schmankerln ausgezeichnet. »In schwierigen Zeiten, in rauher See, gewinnen Leuchttürme an Wert«, appellieren die Verkaufschefs bei solchen Gelegenheiten an das Wir-müssen-die-Besten-sein-Gefühl und überreichen den Superstars ihrer Verkaufsorganisation Flugtickets nach New York, Mexiko oder Paris. Beim Pharmaunternehmen Boehringer Ingelheim heißen die Veranstaltungen »Die Oscarverleihung«. Die Fachpostille *Pharmabarometer* befragt firmenübergreifend einmal im Jahr verschiedene Facharztgruppen nach ihrer Meinung über das Unternehmen mit dem besten Außendienst und den wirkungsvollsten Medikamenten. Die Sieger erhalten als Abklatsch der Goldenen Palme von Cannes die »Goldene Tablette«. Ein schicker Marketing-Gag, mehr nicht. In den USA ist es gängige Praxis, die Außendienste der zwanzig größten Gesellschaften professionell nach strengen Kriterien zu begutachten und Ranglisten anzufertigen. Die Veröffentlichung der Zeugnisnoten schafft mächtig Druck.
So werden die Außendienstler gehetzt und kontrolliert. Aber ihr Arbeitsplatz ist bis jetzt ziemlich sicher. Die Zahl der festangestellten Reps stieg in Deutschland und weltweit in den letzten Jahren um jeweils ein Drittel.
Die Ärzte haben einfach keine Lust, sich abends an den Com-

puter zu setzen und sich über den neuesten Stand der Wissenschaft zu informieren. Der Rep nimmt ihnen das ab. Er ist gut ausgebildet. Er kennt die neuesten Studien. Er weiß über die Wirkungsweise des eigenen Produkts und der Konkurrenzpräparate Bescheid. Er teilt sein diagnostisches und therapeutisches Wissen kostenlos mit. Und er hat immer einige Arztmuster unter dem Arm.

Selbstbetrug

Die Ärzte selbst geben ungern offen zu, dass sie unter der Fuchtel der Pharmareferenten stehen. Jeder kann das in seinem eigenen Bekanntenkreis feststellen. Fragt man einen befreundeten Mediziner, was er von den Reps hält, breitet sich anstelle einer Antwort auf seinem Gesicht ein mokantes, etwas ungeduldiges Lächeln aus. Soll heißen: Kein Mensch kann ernsthaft annehmen, dass irgendein Vertreter auf der Welt mich in irgendeiner Weise beeinflusst. Ich verschreibe dem Patienten das optimale Medikament.

Hier sitzen die Herren und Damen Dr. med. einem gewaltigen Irrtum auf. Norbert Sdunzig, Leiter der Consulting-Gruppe der Pharma-Marketingspezialisten von IMS Health in Frankfurt: »Die Ärzte wollen den Einfluss nicht wahrhaben. Wir können ihn aber exakt nachweisen.«

Eindrucksvolle PowerPoint-Präsentationen mit wilden Kurven gehören zum Standardprogramm der Schulungen für Pharmareferenten. Die Grafiken dokumentieren, wie der Umsatz eines Medikaments mit der Zahl der »Besprechungen«, so heißen die Arztbesuche, zunimmt und die Kurve des Konkurrenzprodukts mit weniger Vertriebspower abknickt.

»Viel Außendienst bringt auch viel«, weiß Ralf Wohlfahrt, Apotheker und Business Unit Director beim Beratungsunternehmen Innovex. Diesen Satz sollten sich alle Patienten einprägen, falls sie der Illusion aufsitzen, nur die besten Medikamente setzten sich durch. In Wirklichkeit sind es die am besten besprochenen.

Der gläserne Arzt

Es ist eine spannende Frage, wieviel Umsatz ein Rep nachweislich bringt. Wenn ein Vorwerk-Vertreter einen Staubsauger vorführt, dann hat er ihn hinterher verkauft oder er muss ihn wieder einpacken. Das ist eine eindeutige Sache. Der Pharmaverkäufer macht nur Stimmung für ein Arzneimittel. Einige Wochen später steigen vielleicht die Apothekenumsätze. Wie lässt sich das zuordnen?

Dazu muss man wissen, dass es kein intimer Vorgang ist, wenn der Arzt dem Patienten von seiner Sprechstundenhilfe ein Rezept ausdrucken lässt. Jedes Rezept setzt ein Datenkarussell in Gang. Rechenzentren und einzelne Ärzte verkaufen Rezeptdaten an Marktforschungsinstitute wie IMS. Datenschutzbeauftragte passen zwar auf, dass die Angaben gebündelt werden, damit keine Rückschlüsse auf den einzelnen Arzt möglich sind. Aber es gibt ergänzende Erhebungen in Hülle und Fülle.

Ein Panel mit dreißigtausend Ärzten füllt regelmäßig für je 50 Euro einen detaillierten Fragebogen über das eigene Verschreibungsverhalten aus, zweihunderttausend Mediziner sind es in Europa. Internationale Konzerne können dadurch interessante Quervergleiche ziehen. Jeder Arzt wird zusätzlich von Spezialfirmen befragt und bewertet. Alle Informationen werden dann so geschickt kombiniert, dass zum Schluss erstaunlich präzise Auskünfte auf dem Tisch liegen: warum welcher Arzt welches Medikament in einer bestimmten Packungsgröße wie oft verschreibt. Dann muss der Außendienstleiter der Firma nur noch nachsehen, welcher Pharmareferent zuständig ist, und ihm den Erfolg oder Misserfolg zuschreiben.

Auch die Marketingabteilungen machen sich über das Zahlenfutter her. Sie erstellen lange Listen und vergeben Plätze. Die zweiundsechzigtausend Internisten und niedergelassenen Ärzte in Deutschland werden nach ihrem Verordnungseifer in vier Kategorien A, B, C oder D eingeteilt. Die Vielverschreiber stehen circa alle sechs Wochen auf dem Besuchsprogramm. Verordnungsmuffel werden von der Liste gestrichen. Die Taktik ist nicht starr. Bei Potenzmitteln bringt der schlechteste Urologe noch mehr Geschäft als der beste Praktiker, der wiederum die Patienten an die Urologen überweist. Der Gebietsleiter will sie bei Laune halten und setzt sie auf die Besuchsliste. So funktioniert erfolgreiches Außendienst-Einmaleins.

Es spart außerdem Geld, die Ärzte nach ihrem Verschreibungsverhalten einzuordnen (siehe »Umsatz ist nicht alles«). Der »Ökonom« zum Beispiel wird kein Arzneimittel der oberen Preisskala empfehlen, wenn es gleichwertige Generika gibt. Die Pharmafirma streicht ihn für das teure Originalprodukt von der Besuchsliste.

Umsatz ist nicht alles

Marketingexperten teilen die Ärzte nach ihrem Verschreibungsverhalten in sechs Gruppen ein. Jede ist für ein anderes Argument der Pharmareferenten besonders empfänglich.

Die Ökonomen (18,5 %)

Sie legen Wert auf einen guten persönlichen Kontakt mit den Patienten. Ihre Praxis ist modern eingerichtet. Es steht immer ausreichend Personal zur Verfügung. Wenn die Ökonomen zum Rezeptblock greifen, verschreiben sie, soweit es möglich und sinnvoll ist, preiswerte Nachahmerprodukte. Ihr Eifer, an Fortbildungen teilzunehmen, ist überdurchschnittlich groß.

Die Wissenschaftler (17,7 %)

Sie schaffen für ihre moderne Praxis stets die neuesten Geräte an. Ihre Diagnose sichern sie durch möglichst viele Untersuchungen und Tests ab. Das Arzt-Patienten-Gespräch ist ihnen weniger wichtig. Mit der Gruppe der Alternativen teilen sie die Abneigung, ihre Arbeit nach der Notwendigkeit auszurichten, was die Kasse bezahlt und was nicht. Fortbildungen suchen die Wissenschaftler systematisch aus.

Die OTC-Typen (17,5 %)

In vielerlei Hinsicht durchschnittliche Typen. Ihre Praxis ist funktionell eingerichtet ohne Extras. Fachveranstaltungen wählen sie danach aus, wieviel Weiterbildungspunkte sie dafür bekommen. Ihren Patienten raten sie auffallend häufig, ihre Wehwehchen mit Mitteln zu behandeln, die nicht verschreibungspflichtig sind. Sie heißen Over-The-Counter-(OTC-)Präparate und entlasten das von den Kassen gedeckelte Verschreibungsbudget des Doktors.

Die Indifferenten (16,9 %)

Für Pharmareferenten nehmen sich die Indifferenten außergewöhnlich viel Zeit und nutzen sie als Informationsquelle weidlich aus. Auch in Fachzeitschriften blättern sie häufig. Auf Kongressen und Tagungen trifft man sie eher selten. Ihre Technikorientierung ist leicht überdurchschnittlich. Auf ihrem Rezeptblock verordnen sie abwechselnd Originalpräparate und Generika.

Die Dienstleister (16,3 %)

Diese Ärzte wollen mehr tun als nur Kassenleistungen erbringen. Sie bieten den Patienten manchen Sonderservice an und schicken ihnen hinterher eine Rechnung. »Ich mache mir häufig Gedanken über die Wirtschaftlichkeit meiner Praxis« ist eine oft gehörte Sorge aus ihrem Mund. Dienstleistung heißt für sie aber keineswegs Apparatemedizin. In ihren Praxen wird Hand angelegt. Der Patient ist Kunde, keine Nummer. Das Personal ist entsprechend geschult.

Die Alternativen (11,2 %)

Ihr Gütesiegel ist die »markenbewusste Verordnungspraxis«. Sie verschreiben überwiegend Originalpräparate oder homöopathische Mittel. Die Alternativen lehnen es ab, ausschließlich in Kostenkategorien zu denken. Generika bekommen ihre Patienten erst, wenn es sich nicht vermeiden lässt. Fortbildungen besuchen sie häufiger als viele ihrer Kollegen.

Quelle: DocCheck/Marktforschung. DocCheck/Ärztetypologie, 2001
Die fehlenden 1,9 % bilden keinen eigenen Typus.

Jeder Rep kämpft nicht nur für sein Medikament, sondern gleichzeitig gegen die Reps und die Medikamente der Konkurrenten. In den Praxen treten sich die Verkäufer häufig gegenseitig auf die Füße. Bei einem umsatzstarken Arzt sprechen in einem Monat bis zu fünfzehn verschiedene Pharmareferenten allein zum Thema Bluthochdruck vor.

Jeder von ihnen bekommt im Durchschnitt sieben Minuten Gesprächszeit. Die meisten Ärzte sind unter Druck. Der gesetzlich vorgeschriebene Formularkrieg verdirbt die Laune. Die Kunst eines Pharmareferenten besteht also darin, aus einem genau geplanten »Ich-komme-einmal-vorbei-Besuch« eine »Setzen-wir-uns-doch-hin-Diskussion« zu machen. Versteht es ein Rep, durch Charme oder Sachkenntnis über sieben Minuten zu ergattern, wird der nächste schneller abgefertigt. Es ist ein Ellbogengewerbe.

Am erbittertsten ist der Wettbewerb bei Arzneimitteln gegen die großen Volksleiden. Blockbuster-Unternehmen beschäftigen zehntausend oder sogar zwölftausend Pharmareferenten für zwei Dutzend Produkte. Wenn die Vertriebspower kurzfristig nicht reicht, heuern sie zusätzlich Zeitarbeitskräfte bei Spezialagenturen an.

Hersteller unterhalb der Top-Liga können bei dieser Art Wettbewerb natürlich nicht mithalten. Sie suchen sich einen Vermarktungspartner. Stichwort: »Co-Marketing«. Der Bad Homburger Pharmahersteller Altana verkauft seinen Magen-Darm-Bestseller Pantoprazol in Amerika mit Unterstützung des US-Konzerns Wyeth. Merck vermarktet das Alkohol-Entwöhnungsmittel Acamprosat mit dem Pharmaunternehmen Forest Laboratories. Boehringer Ingelheim verbündete sich mit Pfizer für den Vertrieb des Atemwegmedikaments Spiriva. Die

Ingelheimer Neuentwicklung hätte ohne die Profis von Pfizer keine Chance, ein Blockbuster zu werden.
Der Aufwand, Fachärzte mit einem Spezialmedikament zu erreichen, ist viel geringer. Es gibt in Deutschland sechshundert Onkologen. Die Krebsspezialisten stehen untereinander in einem engen Erfahrungsaustausch. Eine kleine Verkaufsmannschaft reicht aus, um den gesamten Kundenkreis abzudecken. Das ist das ganze Geheimnis, warum mittelständische Hersteller bevorzugt Mittel gegen Krebs und zum Beispiel keine Hochdruckpräparate oder Antibiotika entwickeln.

Die Krankenhauskrämer

Die tüchtigsten und cleversten Außendienstmitarbeiter führen die Verhandlungen mit den Krankenhausapothekern und den Beschaffungskommissionen der Kliniken. Sie heißen nicht mehr Pharmareferenten. Ihre gewichtig daherkommende Berufsbezeichnung ist »Key Account Manager«. Sie sind fit in Kostenmanagement und Gesundheitsökonomie.
Kliniken und Krankenhäuser können den Umsatz eines Arzneimittels beflügeln. Wird ein Patient im Spitalbett auf ein Medikament eingestellt, möchte er dieselbe Pille zu Hause am liebsten weiterschlucken. Manchmal sogar ein Leben lang.
Im Kampf um einen Platz im Regal der Krankenhausapotheke tragen die Pharmakonzerne gigantische Rabattschlachten aus. Das Ausnutzen billiger Einkaufsquellen verstößt gegen keinen Bestechungsparagraphen. Dabei wird gefeilscht wie auf einem orientalischen Basar. Eine Packung wird bezahlt, die zweite gibt es gratis oder sogar alle Medikamente umsonst. Die Freilieferungen sind in allen Krankenhausbudgets fest eingeplant.

Die großen Arzneimittelhersteller sind bei dem Geschacher gegenüber den kleinen im Vorteil. Ihre Verkäufer haben mehrere Präparate anzubieten. Sie schnüren kühne Pakete aus Geschenken und bezahlten Produkten. Nischenanbieter mit nur einem Medikament im Portefeuille sehen sich häufiger ohne Abschluss wieder vor die Tür gesetzt.
Was für die Patienten besonders fatal ist: Innovative Präparate führen die Pharmakonzerne oft monatelang nicht in der Klinik ein. Sie haben keine Lust, ihre Stars durch Rabattaktionen sofort nach der Zulassung herunterzuziehen. Wer in einer Universitätsklinik liegt und glaubt, hier komme der pharmazeutische Fortschritt am schnellsten an, der täuscht sich.

Einer kam durch

Die Blockbusterindustrie fährt im ICE-Tempo in die Klinikapotheken ein. »Wer nicht groß und mächtig ist«, so Außendienstspezialist Jürgen Beböser von careforce-marketing & sales, »dem bleibt der Kohlenwagen.« Der Fahrplan der Krankenhausreform bevorzugt nämlich den Schnellverkehr. An den Zugabteilen steht das Kennzeichen »CP« für »Clinical Pathways«.
In wenigen Jahren wird es für jede Diagnose eine präzise Behandlungsanweisung geben. Eine Kommission legt dann verbindlich fest, welches Medikament verordnet werden muss. Dieser Leitlinie hat der behandelnde Krankenhausarzt strikt Folge zu leisten. Hier ein Schwätzchen mit einem Pharmareferenten, der trotz des Key Account Manager heute noch vorbeikommt, dort ein Sonderwunsch: Das wird es künftig nicht mehr geben.

Der Key Account Manager, der sein Medikament in die Clinical Pathways gedrückt hat, ist ein gemachter Mann. Er kann in seiner Firma die Hand für eine dicke Tantieme aufhalten. Das Schneeballsystem rollt zu seinen Gunsten.
Die Kliniken werden in Zukunft ihre Patienten nach verkürzter Liegedauer entlassen. Arzt-Netzwerke übernehmen die Betreuung. Der Kranke wechselt in die helfenden Hände dieser Praktiker mit seinem CP. Die Vorgabe ist viel verbindlicher, als wenn ein Patient heute seinen Hausarzt bittet, ein Medikament weiterhin zu verschreiben.
Das Arzneimittel, auf das sich Klinikärzte, Verwaltungsbeamte und Key Account Manager in einem undurchsichtigen Prozess des gegenseitigen Gebens und Nehmens geeinigt hatten, wird der Patient nie wieder los.

2 Korruption – Eine Hand wäscht die andere

Am türkischen Lara-Strand sonnten sich auf Einladung der beiden Pharmakonzerne Boots Healthcare und Schering über einhundert Ärzte nebst weiblichem und männlichem Anhang. Lediglich zwischen 12 und 16 Uhr, wenn es draußen zu heiß war, mussten sich die Mediziner in einem geschlossenen Raum zur Fortbildung melden. Die Lernstunden konnten die Teilnehmer beim Diner im 5-Sterne-Hotel Larespark schnell wieder vergessen.

Es waren keine deutschen, es waren russische Ärzte, die es sich auf Kosten der Industrie am türkischen Strand gutgehen ließen. In Deutschland stehen derartig üppige Einladungen seit dem 16. Februar 2004 auf dem Index der »Freiwilligen Selbstkontrolle für die Arzneimittelindustrie e.V.«. Der Verein ist eine Gründung der forschenden Arzneimittelhersteller. Seine Funktion ist mit pharmazeutischer Antibestechungs-TÜV am Treffendsten beschrieben.

Die Unternehmen reagierten damit auf eine Drohung der Bundesregierung, einen Antikorruptionsbeamten zur Überwachung ihrer Geschäftsgepflogenheiten einzusetzen. Arzneimittelhersteller, die der Versuchung weiterhin nicht widerstehen können, Mediziner mit kleinen oder großen Schweinereien zu bestechen, müssen mit Verwarnungen und 50 000 Euro Bußgeld rechnen. Im Wiederholungsfall sind 250 000 Euro fällig. Bei schweren Verstößen wird der Name des Missetäters öffentlich gemacht. Vorausgesetzt, Tat und Täter kommen dem Verein zu Ohren.

Michael Grusa, dickschädelig und freundlich, ist der erste Geschäftsführer des Kontrollvereins mit Sitz in der Berliner Friedrichstraße. »Das Dreiecksverhältnis Arzneimittelindustrie, Arzt und Patient ist gestört und muss wiederhergestellt werden«, umschreibt Grusa seine ordnungspolitische Funktion. Der Jurist malt mit flinken Strichen ein Dreieck auf ein weißes Papier. Die Verbindungslinie zwischen den Eckpunkten Arzt und Pharmaunternehmen macht er doppelt so dick wie die zwischen Arzt und Patient. »Die zwei sind dick miteinander«, heißt es im Volksmund.

Wäre Grusa ein besserer Zeichner, würde er einen Golfplatz, ein elegantes Restaurant und ein Fachzeitschriften-Abonnement entlang der fetten Linie aufs Papier bringen. Solche Zuwendungen waren bisher der Kitt zwischen Ärzten und Medikamentenherstellern.

Grusas Gesetzbuch trägt den drögen Titel *Verhaltensempfehlungen für die Zusammenarbeit der pharmazeutischen Industrie mit Ärzten.* Anwälte der Münchner Kanzlei Clifford Chance haben auf 38 Seiten präzise aufgeschrieben, was den Vereinsmitgliedern und anderen Pharmaunternehmen nicht mehr gestattet ist.

Die Verbote lassen erahnen, was jahrelang gang und gäbe war. Auf Seite 24 der Verhaltensempfehlungen heißt es zum Beispiel: »Fortbildungsveranstaltungen sollen nicht in attraktiven Skiorten, auf Ferieninseln oder in anderen beliebten Urlaubsorten stattfinden.«

Bietet ein Hotel »etwa auf Sylt oder Mallorca« einen sonst nirgendwo erzielbaren Sonderpreis an, muss die einladende Pharmafirma laut Codex trotzdem die Veranstaltung an einen über jeden Zweifel erhabenen Arbeitsort verlegen, »in eine Stadt ohne besonderen touristischen Charakter«. Die bei Ärzten so beliebte Erlebnisgastronomie am Abend eines Fortbildungstages mit Unterhaltungsprogramm und 3-Sterne-Küche ist gestrichen. Als adäquate Abfütterungsgrenze wird ein Limit von 50 Euro pro Person empfohlen.

Die Teilnahme an Ärztepreisausschreiben, bei denen der Gewinn nicht allein vom Zufall abhängt, ist »an die wissenschaftliche oder fachliche Qualifikation« und nicht an »Umsatzgeschäfte oder Beschaffungsentscheidungen« zu koppeln. Die kleinen Aufmerksamkeiten der Pharmareferenten für die Sprechstundenhilfe wie Kalender und Schreibblock dürfen den Wert von 5 Euro nicht mehr übersteigen. Nun sind Kreativagenturen dabei, die Kleinutensilien so aufwendig einzupacken, dass sie nach weit mehr aussehen, als sie kosten.

Sittenwächter Grusa hat derweil alle Hände voll zu tun, die Pharmafirmen auf Linie zu bringen. Golfturniere für Ärzte haben trotz Codex weiterhin Konjunktur. Auf den Einladungen vermerken die Arzneimittelhersteller »traditionelles Golfturnier«. Offenbar ein zarter Hinweis, dass sie es den Medizinern nicht zumuten können, auf die liebgewordene Veranstaltung abrupt zu verzichten. Bei Fortbildungsveranstaltungen ist Schmalhans immer noch kein Küchenmeister, auch wenn der venezianische Gondoliere heute ein Kanufahrer ist.

Täter oder Opfer?

Es gibt einen Professor in Köln, der menetekelt, dass der Selbstkontrollverein nur ein kurzes Strohfeuer neuer Bescheidenheit entfacht. Es ist Peter Sawicki, Chef des »Instituts für Qualität und Wirtschaftlichkeit im Gesundheitswesen«. Diese fachlich unabhängige Institution ist ein Bestandteil der jüngsten Gesundheitsreform. Zu den Aufgaben des Instituts gehört

eine bessere Aufklärung der Patienten über medizinische Fragen. Dazu zählt die Bewertung von Arzneimitteln.
Professor Sawicki blickt auf zwanzig Jahre Klinikerfahrung zurück und kennt die dicke Linie, die Liaison dangereuse, die gefährliche wechselseitige Beziehung zwischen Ärzten und Pharmaindustrie aus eigener Erfahrung. Er rechnet fest damit, dass die Pharmafirmen Strategien entwickeln, wie sie gleichzeitig den Codex respektieren und die Ärzte bei Laune halten können.
Der Pharmakritiker hat eine englische Karikatur griffbereit auf seinem Schreibtisch liegen. Sie zeigt einen Arzt im Bett, die Decke bis zum Hals hochgezogen. An der Bettkante sitzt eine verführerische Brünette in schwarzen Strapsen und haucht: »Richard, mach bitte weiter so. Du weißt ja, wir brauchen einander.« Die Dame verkörpert die Pharmaindustrie.
Bestechung ist in der Pillenbranche ein international verbreitetes und immer aktuelles Phänomen. Das hängt mit der Hierarchie der Ärzteschaft und der Mittlerrolle der Mediziner zwischen Herstellern und Patienten zusammen.
Was der Chefarzt anordnet, ist für die nachrangigen Ärzte einer Klinik quasi Gesetz. Ein Pharmakonzern muss den Häuptling für sich gewinnen, dann hat er die gesamte Verschreibungskette in der Hand. Heike Streu, Produktmanagerin beim Generikahersteller Hexal, bekam von Assistenzärzten immer wieder zu hören: »Wir würden gerne ihr Immundepressivum verschreiben, aber der Chef will es nicht.«
Das über Jahrzehnte grassierende Geschenk- und Einladungsunwesen hat bei den Nachfolgern des griechischen Arztes Hippokrates außergewöhnliche Nehmerqualitäten entwickelt. Die Pharmafirmen haben die Spendierhosen an, und viele Ärzte sind nicht zimperlich, sich zu bedienen.
Sawicki entschuldigt die Anspruchshaltung seiner Kollegen

dialektisch mit einer Art Gewohnheitsrecht: Stellt eine Frau ihrem Mann 3650 Tage lang die Pantoffeln vor das Sofa und erklärt am 3651. Tag, sie wolle mit den Streicheleinheiten Schluss machen, dann trage die Frau an der Empörung ihres Mannes eine Mitschuld. Sie hätte ihn nicht zehn Jahre lang so verwöhnen dürfen.

Tatort Weiterbildung

Die Ärztefortbildung, die nichts kostet, weil sie von der Pharmaindustrie bezahlt wird, gehört zum festen Besitzstand der Mediziner. Der neue Wohlverhaltenscodex stutzt zwar den äußeren Rahmen der Veranstaltungen auf ein Normalmaß zurück. Das Gewohnheitsrecht bleibt im Kern unangetastet.
Pläne aus dem Bundesgesundheitsministerium, das Sponsoring abzuschaffen, verschwanden nach heftigen Protesten der Funktionäre schnell wieder in einer Schublade. Den Ärzten drohe ein immenser Kostenaufwand, wenn sie ihre Fortbildung aus eigenen Mitteln bestreiten müssen, sorgte sich der Vorstand der Kassenärztlichen Bundesvereinigung. Doch welche andere Berufsgruppe bekommt ihre Weiterbildung bezahlt? Bruno Müller-Oerlinghausen, der Vorsitzende der Arzneimittelkommission der Deutschen Ärzteschaft, nennt die bezahlte, sponsorenabhängige Fortbildung »eine Schande«.
Mit diesem Werturteil können viele Ärzte offenbar sehr gut leben. Sie schützen das Wohlergehen der Patienten vor, die am meisten von einer hochkarätigen Schulung profitieren würden. Aus eigener Tasche könnten die Ärzte bestenfalls eine Fortbildung auf Mittelklasseniveau bezahlen.

Wenn der Arzt auch gern den ehrbaren Kaufmann herauskehrt, er hat nichts dagegen, wenn ihm ein Pharmakonzern bei dieser oder jener Investition unter die Arme greift. Zum Beispiel bei der Anschaffung moderner Praxissoftware. Sie verwaltet die Patientendaten viel eleganter als eine Pappkartei, regelt die elektronische Rezeptschreibung, macht die Abrechnung und organisiert elektronisch die »Hausapotheke«. Das sind die Medikamente, die ein Arzt besonders häufig verschreibt.

Diese Praxissoftware ist aus Gründen der Datensicherheit nicht ans Internet angeschlossen. Der Arzt erhält von seinem Softwarehaus einmal zu Anfang des Quartals eine CD-ROM mit den neuesten gesetzlichen Vorschriften, Preisen und anderen nützlichen Informationen. Über eine Schnittstelle ist der jeweilige Doktor mit einer Arzneimitteldatenbank verbunden. Dort erfährt er alles über die ihn interessierenden Medikamente.

Als neutraler Helfer würde die Software mehrere tausend Euro kosten. Viele Ärzte nutzen die billigere Lösung und schaffen eine mit Arzneimittelwerbung vollgestopfte Version an. Die Differenz im Anschaffungspreis zahlen die Pharmaunternehmen als Werbeausgabe an die Softwarehäuser. Auch die Pillen-Promotion wird via CD jedes Quartal ergänzt.

Andreas Kierndorfer, Geschäftsführer der Firma medatis in Roggenburg, nennt diese Art von Beeinflussung »geballte Werbekommunikation«. Da Softwarefreaks nicht viel davon verstehen, wie sie Anzeigen akquirieren können, nimmt ihnen Kierndorfer die Mühe ab.

Bei vielen Praxisprogrammen wird dem Arzt sogar in die Verordnung gefunkt – was er natürlich weiß und um des eigenen

Vorteils willen in Kauf nimmt. Hat sich ein Mediziner für die Verschreibung des Medikaments X entschieden, empfiehlt ihm das System ein alternatives Mittel oder druckt es sogar schon auf das Rezept. Oder der Arzt gibt nur die Diagnose ein und innerhalb von Sekunden schlägt die Software ein bestimmtes Medikament vor. Welches Arzneimittel es ist, richtet sich nach den Sponsoren. Generikahersteller und Re-Importeure von Medikamenten sind die eifrigsten Förderer der elektronischen Verkaufshilfe.

Kein Gericht konnte bisher diese Softwareprogramme stoppen. Die Verkäufer der wohlfeilen Programme argumentieren, der Arzt habe die freie Wahl. Er könne die Voreinstellungen ändern. Doch die meisten Mediziner fummeln ungern an ihrem Computer herum. Sie belassen am liebsten alles so, wie es einmal eingestellt wurde. Sie benutzen die Ausrede, das Programm helfe ihnen, ihr Arzneimittelbudget einzuhalten. Am 1. April 2006 hat der Gesetzgeber eingegriffen. Künftig soll Praxissoftware »manipulationsfrei« sein.

Eindeutig unsauber geht es zu, wenn eine Pharmafirma den Ärzten Langzeitblutdruckmessgeräte leihweise zur Verfügung stellt, aber zu ihren eigenen, knallharten Bedingungen. Als Gegenleistung mussten die Mediziner im konkreten Fall ihre Patienten nachweislich auf ein Medikament ihres Leihgebers umstellen. Ließ der Arzt in seinen Bemühungen nach, wurde das Blutdruckmessgerät wieder abgeholt.

In der Anweisung der Firmenleitung an »alle Mitarbeiterinnen und Mitarbeiter der Region« hieß es wörtlich: »Zeigen Sie dem Arzt auf, dass wir mit der Plazierung dieses Langzeitblutdruck-Messgeräts zum individuellen Praxismarketing der Arztpraxis beitragen. Der Arzt soll wissen, dass wir uns für ihn und seine Patienten einsetzen. Eine Hand wäscht die andere!«

Die Berufsordnung verbietet es Ärzten, für das Verschreiben von Medikamenten eine Vergütung für sich oder Dritte anzunehmen. Auch Pharmaunternehmen sind gehalten, keinen Mediziner durch Geldangebote in Versuchung zu führen.
Beide Seiten fanden gemeinsam einen Dreh, die Maßregelung geschickt zu umgehen:
Mehrere Ärzte gründen kollegial ein regionales Netzwerk. Nicht der einzelne, sondern dieses »Gesundheitsnetz« schließt einen Provisionsvertrag mit einer Pharmafirma ab. Zum Beispiel, ganz konkret, mit der Firma Sandoz, der Generikafirma von Novartis: Sobald in dem Gebiet der Absatz von Sandoz-Medikamenten steigt, zahlt das Unternehmen dem Verbund eine Provision von 10 Prozent. Dieses Zubrot wird an die Ärzte verteilt. Der Zusammenhang ist klar: Verschreibe ich viele Sandoz-Medikamente und meine Netzwerkkollegen halten es ebenso, erhält jeder von uns am Abrechnungstag einen Bonus.
Das *arznei-telegramm*, das dem Sandoz-Netz auf die Schliche kam, berichtete von allerlei dunklem Beiwerk. Die Netzwerkärzte verpflichteten sich »zur Geheimhaltung sämtlicher Informationen« des Vertrages. Zudem durften sie ohne Zustimmung von Sandoz keine Kooperationen mit konkurrierenden Herstellern abschließen. Das Blatt veröffentlichte einen Leserbrief, in dem sich ein Arzt über diese »schamlose Form der Korruption« beklagt. Ihm wurde eine Umsatzbeteiligung von 5 bis 7,5 Prozent angeboten, wenn er die Produkte verordne – ohne schriftlichen Vertrag, aber auf der Basis von Belegen durch Computerausdrucke der Praxissoftware. Nachdem die fragwürdigen Provisionen öffentlich geworden waren, gab Sandoz bekannt, die Verträge »bis auf weiteres auszusetzen«.

Da ist sie wieder, die dicke schwarze Linie zwischen Arzt und Pharmaunternehmen, die Kontrolleur Grusa auf das Papier gezeichnet hat.

Schmiergeld in Deutschland

Regina Sieh, Oberstaatsanwältin in der Korruptionsabteilung der Staatsanwaltschaft München I, sammelt von Berufs wegen pikante Beweisstücke zu der gefährlichen Beziehung zwischen Ärzten und Pharmaindustrie.
Vor der Korruptionswächterin auf dem Schreibtisch liegt trotz Codex die Einladung zu einer dreitägigen Ärzteveranstaltung nach New York im Mai 2004. Das vorgedruckte Fortbildungsprogramm ist dicht und anspruchsvoll. Doch die Programmpunkte waren getürkt. Das kam durch eine zufällig sichergestellte Word-Datei eines Angestellten ans Tageslicht.
Statt sich durch harte Arbeitstage zu quälen, genossen die Mediziner die prickelnde Stadt. Der morgendliche »wissenschaftliche Erfahrungsaustausch« war eine City-Tour. Der »Breakfast-Workshop« ein Brunch im Szene-Lokal Iridium. Der »Wissenschaftliche Erfahrungsaustausch« am zweiten Tag entpuppte sich als Tour zur Touristenattraktion Long Island. Die Eigenbeteiligung betrug nur 31 Dollar. »Wissenschaftlicher Erfahrungsaustausch« Nr. 3 war eine Schiffahrt rund um Manhattan. Die Ärzte zahlten für den Ausflug 20 Dollar. Die Pharmafirma übernahm zu 100 Prozent die Kosten für die Unterbringung im Hilton-Hotel sowie die Lufthansa- und Delta-Flüge.
Der Trip war ein eindeutiger Versuch der gastgebenden Firma, alle Teilnehmer günstig zu stimmen. Doch die Staatsanwalt-

schaft kann nur Beamte und Angestellte des öffentlichen Dienstes wegen Vorteilsnahme belangen, also Klinik- und Krankenhauspersonal.
Selbständig praktizierende Ärzte können heute einer Einladung nach New York und morgen einer zweiten nach Hawaii folgen. Die bezahlten Vergnügungen bleiben für sie folgenlos, solange sie nicht direkt Geld nehmen.
Der Leistungswettbewerb ist natürlich auch bei der privatwirtschaftlichen Klientel durch solche Gunstbeweise außer Kraft gesetzt. Jeder von der Pharmaindustrie investierte Euro bringt die höchsten Zinsen, wenn der Arzt mit seinem Verordnungsverhalten die Einladung honoriert. Wer das vergessen sollte, wird wahrscheinlich bei der nächsten Tour nicht mehr eingeladen.
»Es ist trotz aller Prozesse immer noch alltägliche Praxis der Pharmaindustrie, das Verschreibungsverhalten der Ärzte mit fragwürdigen Methoden zu beeinflussen und sich medizinische Meinungsbildner zu kaufen«, empört sich Anke Martiny. Die Berlinerin ist Vorstandsmitglied von Transparency International Deutschland und stellt einmal im Jahr einen aktualisierten Bericht vor mit dem eindeutigen Titel: *Transparenzmängel, Betrug und Korruption im deutschen Gesundheitswesen.*

Tarnen und täuschen

Um aktuellen Stoff ist die streitbare Dame nie verlegen. Viele Krankenhausärzte sehen es zum Beispiel gar nicht ein, warum ihre Kollegen die Schmankerln der Arzneimittelhersteller ungestraft genießen können, während sie vom Gesetzgeber

zur Genügsamkeit verdonnert werden. Sie bedienen sich allerlei Tricks, um die vorgeschriebene Bescheidenheit auszuhebeln.
Folgende E-Mail einer Pharmareferentin namens Ilona an ihren Regionalleiter gehört ebenfalls zur Fallsammlung der Münchner Oberstaatsanwältin. Wörtlich schreibt die Dame: »Die Klinikverwaltung hat Herrn Professor Neumeier [Name geändert, d.A.] wegen der Vorteilsnahme untersagt, am Galadiner bzw. dem Rahmenprogramm teilzunehmen. Bitte aus allen Listen entfernen. Er nimmt natürlich trotzdem teil, darf aber aus Sicherheitsgründen nicht in unseren Listen auftauchen.«
Das dritte Dokument in Frau Siehs Sammlung ist die Rechnung eines Professors der Münchner Universitätspoliklinik an ein Pharmaunternehmen über 1500 Euro für die »Empfehlung der ambulanten Weitertherapie an die entsprechenden Hausärzte der Patienten«.
Solche Beträge sind immer noch Klimpergeld. Am Schluss der Kette steht die massive Geldzuwendung an den Arzt. Was ist von 20 000 Euro zu halten, welche die japanische Firma Fujisawa der Münchner Transplantationskoryphäe Walter Land in einem Jahr für Studien- und Anwendungsbeobachtungen überwies? Die Staatsanwaltschaft freute sich zu früh, einen dicken Fisch an der Angel zu haben. Sie konnte nicht nachweisen, dass diese 20 000 Euro unangemessen waren.
Die Beweisführung für Korruption und Bestechung ist für die Staatsanwälte extrem schwierig geworden, seitdem die Abrechnungen nicht mehr auf Papier nachverfolgt werden können. Die internationalen Unternehmen haben ihre elektronische Buchführung oft ins Ausland verlagert und raffiniert verschlüsselt. Wenn die Kripo mit einem Durchsuchungsbefehl Räume und Computer durchsucht, gehören die betroffenen Firmen in der Regel zu den Beschuldigten. Sie müssen bei der

Entschlüsselung nicht behilflich sein. So lief es bei Fujisawa. Die Fahnder konnten die Dateien wochenlang nicht öffnen.
Auch die Methoden der Bestechung verfeinern sich zusehends. Wenn in der Vergangenheit die dunklen Deals aufflogen, versuchte ein Rechtsanwalt, die Firma anschließend aus dem Dilemma zu befreien. Heute legt ein Jurist das Geldzuwendungsmodell von vornherein so an, dass der Nachweis korrumpierender Beträge schwer zu führen ist. In den vielfältigen Aktivitäten von Kongressbesuchen, Fachausschüssen, Förderzirkeln und anderen Gesprächsforen, Patientenbeobachtungen und klinischen Studien gehen die Spuren schnell verloren.
Die Ärzte bekommen die Extrahonorare ja nicht plump überwiesen. Sie erbringen Gegenleistungen in Form von Vorträgen, wissenschaftlichen Aufsätzen oder Patientenbeobachtungen. Das sind Recherchen über die Wirksamkeit von Medikamenten in der praktischen Anwendung. Die ausgefüllten Fragebogen, so mutmaßt Oberstaatsanwalt Anton E. Winkler aus München, lagern hinterher oft unberührt in den Kellern der Unternehmen.
Bestechlichkeit über die Revision aufzudecken ist aussichtslos, denn der Witz gekonnter Korruption ist es ja gerade, dass die Bücher in Ordnung sind. Die Strafverfolgungsbehörden sind auf den Zufall und gezielte Hinweise angewiesen. Ein Reservoir sind enttäuschte Ehefrauen oder Freundinnen und Freunde, die sich an ihrem treulosen Partner rächen wollen. Durch eine anonyme Anzeige kam einer der größten Korruptionsfälle der Pharmaindustrie in Deutschland ins Rollen. In ihrem Mittelpunkt stand die Firma GlaxoSmithKline. Viertausendzweihundertsechsundsechzig Krankenhausärzte und -apotheker waren in den 2004 abgeschlossenen Fall verwickelt. Sie hatten sich mit Geld bestechen lassen und als Gegenleistung per Rezept verordnet, was die Firma von ihnen verlangte.

Der Leiter des Klinikvertriebs von GlaxoSmithKline wurde zu einer Freiheitsstrafe von zwei Jahren mit Bewährung verurteilt. Das Unternehmen musste 2 Millionen Euro Bußgeld an die Staatskasse bezahlen. Die Höhe der Strafe ist für die Firma ein Taschengeld. Der entstandene Imageschaden ist jedoch ein bisschen teurer.

International schmieren

Andere Länder sind auch keine bestechungsfreien Zonen: In einen der größten Skandale Italiens waren siebenunddreißig Angestellte von GlaxoSmithKline, fünfunddreißig Ärzte und achtzig Pharmareferenten verstrickt. Die Mediziner hatten sich gegen Bares verpflichtet, die Präparate des Unternehmens und keine Generika zu verschreiben. Mit einem EDV-System »Giove«, dem italienischen Namen für »Jupiter«, konnte der Pharmakonzern anhand der Apothekenbestellungen die Verschreibungspraxis der bestochenen Ärzte überwachen.
In den USA mussten die Konzerne Pfizer und AstraZeneca 430 und 355 Millionen Dollar Bußgeld wegen unseriöser Absatzpraktiken überweisen. Der Pharmamulti Schering-Plough wird von der Staatsanwaltschaft in Boston beschuldigt, Ärzten Geld für die Verordnung eines Medikaments zur Behandlung von Hepatitis C gezahlt zu haben.
Korruption ist ein typisches Kontrolldelikt, wie Juristen es ausdrücken. Je stärker die Kontrolle, desto mehr Fälle fliegen auf. In Ländern, in denen sich keine Strafbehörden für korrupte Wettbewerbsmethoden interessieren, gibt es keine Bestechung. Zumindest offiziell.
Wenn in Deutschland die Korruptionsabteilungen doppelt so

viele Mitarbeiter hätten wie heute, käme mehr von dem Treiben ans Tageslicht, das heute verborgen bleibt. Davon sind die Staatsanwälte überzeugt.

Die Sitten verwildern zusehends. Das Schuldbewusstsein der Täter schwindet. Denn wenn überhaupt etwas schlechte Bräuche bremsen kann, dann untadeliges Verhalten und eiserne, kompromisslose Konsequenz der Vorbilder. Doch daran hapert es.

Korruption wird gelernt wie das Essen mit Messer und Gabel.

3 Werbung – Publicity für Pillen

Ein Ruderer fährt mit seinem Nachen über den See. Die untergehende Sonne taucht die glatte Wasseroberfläche in friedliches Abendlicht. Ein Symbol für Ruhe und Gemächlichkeit. Das langfristig wirkende Insulin Lantus von Sanofi-Aventis schenkt beides dem Diabetiker.

Eine Pizza in Großaufnahme. »Nein, Sie können nicht alles essen, was Sie wollen«, warnt der Kommentator. »Aber es gibt eine Waffe im Kampf um Körpermasse. Xenical von Roche.«

Die Skifahrerin Rosi Mittermaier, »Botschafterin der Initiative gegen Knochenschwund«, hält ein weißes Schild vor ihre Brust mit der Aufschrift: »Schlimm: 6 Millionen Menschen haben Osteoporose. Schlimmer: Die meisten wissen es nicht.« Es ist eine Anzeige des Pharmaunternehmens Merck Sharp & Dohme zur Behandlung von Knochenschwund.

Willkommen im Pharmawerbeland!

Jahrzehntelang waren Ärzte und Apotheker die einzigen Ansprechpartner, die für die Arzneimittelhersteller interessant waren. Heute wollen die Pharmaproduzenten die Patienten direkt erreichen. Möglichst oft, möglichst emotional, möglichst originell.

Die Strategiepapiere der Medikamenten-Multis lesen sich wie die Anweisungen für ganzheitliche Kommunikation in der Konsumgüterindustrie: Die Pharmareferenten bearbeiten die Ärzte, die Werbeabteilung animiert die Patienten, die PR-Truppe kümmert sich um die Meinungsbildner. So macht man Blockbuster und stößt zur Weltspitze vor.

Die Vorstellung, ein Medikament mache Karriere auf Grund seiner einzigartigen Wirkung, ist so verstaubt wie der Handkuss bei der Begrüßung einer Dame. 82 Prozent der neu zugelassenen Arzneimittel sind Weiterentwicklungen bereits bekannter Wirkstoffe. Erst die Zutaten der Marketingköche lassen ihre Umsätze wie Hefekuchen aufgehen. Selbst Medikamenten-Schwergewichte wie Insuline, HIV-Cocktails oder Schmerzpflaster werden im 21. Jahrhundert nach einer sorgfältig geplanten Dramaturgie an die Patienten herangetragen. Schließlich gibt es Arzneimittel, für welche die Absatzstrategen überhaupt erst die Nachfrage schaffen. Sie heißen »Lifestyle Drugs«. Diese Medikamente lindern keine Leiden und verlängern kein Leben. Es sind Pillen gegen Übergewicht, Haarausfall, Impotenz oder das Altern ganz allgemein. Sie sind »just nice to have«. Es ist schön und angenehm, dass es sie gibt.

Der Markt ist jung, die Margen sind groß und die Perspektiven rosarot. Das zeigt ein Blick auf die Statistik. Es gibt weltweit achtundfünfzig Millionen dickleibige, neununddreißig Millionen schlafgestörte Menschen, einhundertdreißig Millionen glatzköpfige und eine nicht ermittelte Millionenzahl impotenter Männer. Sie alle sind potentielle Verwender.

Nach seriösen Schätzungen enteilt der Umsatz der Lifestyle Drugs von heute 28 Milliarden Dollar auf 41 Milliarden Dollar bis Ende des Jahrzehnts. Zirka vierhundert Produkte sind weltweit in der Entwicklung.

Einige dieser Lebensverschönerer sind wie Schmuckstücke oder neue Golfschläger ein angenehmer Luxus. Die Verbraucher können trotzdem nicht in die nächste Apotheke hineingehen und ihre Kreditkarte zücken wie bei einem Einkauf bei Tiffany. Vorher müssen sie einen Arzt aufsuchen. Die meisten dieser Präparate gibt es nur auf Rezept.

Werbeknigge

Die Verschreibungspflicht ist der Damm, der die Fluten der Werbewelt abhält, völlig ungehemmt ins Pharmaland hineinzuströmen. Medikamente auf Rezept sind für die Gesetzgeber – zum Verdruss der Pharmaindustrie – auch heute noch Produkte eigener Art und keine beliebige Ware. Gesetze und Richtlinien regeln die Vermarktung.

Die lockersten Sitten herrschen in den USA. Seit 1997 dürfen die Pharmakonzerne in Zeitungen und im Fernsehen so viel und so direkt für Medikamente werben, wie es ihnen die Sache wert ist. Es waren 2004 über 3 Milliarden Dollar. Wer einen Abend in einem amerikanischen Hotelzimmer vor dem Fernsehschirm verbringt, kennt hinterher ein Dutzend Mittel gegen müde Füße und schwache Herzen. Sogar Krebsmedikamente haben die TV-Kanäle erobert.

Die Texte der Werbespots dürfen aber keine Lügen verbreiten oder übertriebene Wirkungen versprechen. Die amerikanische Zulassungs- und Aufsichtsbehörde FDA (U.S. Food & Drug Administration), Abteilung Marketing, Werbung und Kommunikation, kontrolliert die Aussagen und verschickt Abmahnungen, falls ein Hersteller das Blaue vom Himmel verspricht. Jedes Schreiben zählt die Beanstandungen detailliert auf. Die

gescholtene Pharmafirma ist gut beraten, nach Erhalt der Abmahnung die Werbung schnellstens zu ändern. Bei falschen Versprechungen haben die US-Unternehmen sehr bald einen Prozess am Hals.
Nach den Maßstäben der amerikanischen Verbraucherverbände fällt die FDA-Zensur freilich viel zu lasch aus. Ende der neunziger Jahre hatte die Behörde sechsmal mehr Warnungen ausgesprochen als heute. Dann bremste die Pharmaindustrie den Eifer der professionellen Kritiker. Ihre Juristen pochten auf das Recht, den Hunger der Patienten nach Informationen zu stillen. Das sei bei allzu strengen Kontrollen nicht gewährleistet. Ein fadenscheiniges Argument. Die Werbemillionen werden nicht gleichmäßig auf alle Medikamente verteilt. Es ist eine sehr einseitige Information beziehungsweise Beeinflussung. Der Pharmakonzern Merck bewarb sein Schmerzmittel Vioxx mit 100 Millionen Dollar im Jahr. Wie fatal die »Information« war, stellte sich nachträglich heraus.

Die Sieger stehen fest

In Europa sind die Werbegesetze erheblich strenger als in den USA. Produktwerbung für verschreibungspflichtige Medikamente ist ausschließlich in Fachzeitschriften erlaubt, dafür im Fernsehen und in Publikumszeitschriften grundsätzlich verboten. In der Pharma-Verbraucherwerbung auf deutschen TV-Kanälen geht es ausschließlich um nicht verschreibungspflichtige Medikamente. Oder eine Arzneimittelfirma versucht, mit Hilfe von Fernsehspots und Anzeigen ihren Bekanntheitsgrad zu erhöhen. »Ratiopharm. Gute Preise. Gute Besserung.« Das ist erlaubt.

Dieses europäische Werbeverbot ist der Sturheit der Abgeordneten im Europäischen Parlament zu verdanken. Hartnäckige Überredungsversuche von Werbe- und Marketingagenturen hatten die EU-Kommission bereits weichgeklopft, die Auflagen zu lockern. Die Volksvertreter, die darüber abzustimmen hatten, blieben trotzdem beim Nein.
Sie brauchten nicht viel Phantasie, um sich auszumalen, dass Werbung die Ausgaben für Medikamente wuchern lässt wie ein schwülwarmes Klima die Setzlinge in einem Gewächshaus. Mit dem wichtigen Unterschied: Die Gartenfreunde zahlen hinterher die gesamte Rechnung aus der eigenen Tasche. Bei Arzneimitteln sind es die Krankenkassen, die bis heute den größten Teil begleichen.
Jeder in den USA für Direktwerbung ausgegebene Dollar erhöht den Medikamentenumsatz für die Behandlung dieser Krankheit um das Dreifache. Jeder fünfte amerikanische Patient, der für eine Therapie in Frage kommt, sucht kurze Zeit nach der Werbesendung seinen Arzt auf und drängt ihn zum Verschreiben von Präparaten. 82 Prozent bekommen ein Rezept. Und 50 Prozent gehen mit dem Medikament nach Hause, das sie ausdrücklich verlangt haben.
Noch Zweifel an der Wirkung von Pillenwerbung? Die Pharmakonzerne Bayer und Eli Lilly machten während des Endspiels der US-Footballiga um die »Super Bowl« für ihre Potenzpillen Levitra und Cialis Stimmung mit 2,3 Millionen Dollar teuren Werbespots. Tags darauf stieg die Nachfrage für die Sexhilfen um 16 Prozent.

Trotz des generellen Werbeverbots sind die Agenturen in Europa nicht arbeitslos. Die Kreativen verstehen es sehr geschickt, den Freiraum des Erlaubten wie ein elastisches Gummiband auszudehnen.

Eine ständig wachsame Werbepolizei wie in Amerika, die den Inserenten auf die Finger klopft, fehlt in Deutschland und vielen anderen europäischen Ländern. Ein Wettbewerber, Politiker oder Kassenfunktionäre müssen gegen den Inhalt oder die Aufmachung einer Anzeige oder einer Broschüre klagen. Dann erst kümmert sich ein Richter um Recht und Ordnung.

Eine beliebte Methode, trotz Werbeverbots von sich reden zu machen, ist die Fokussierung auf ein Krankheitsbild. Gegen eine Anzeigenkampagne »Größere Freiheit durch die Lösung ihrer Blasenprobleme« oder die Rosi-Mittermaier-Aktion gegen Knochenschwund hat der Gesetzgeber keine Einwände. Das geht als Schärfung des Problembewusstseins durch.

Ein eindrucksvolles Beispiel, was Pharmawerbung vermag, ohne gegen ein Verbot zu verstoßen, war die Einführungskampagne für das Magenmittel Nexium von AstraZeneca in Deutschland. Es begann mit einer PR-Aktion. AstraZeneca finanzierte eine Aufklärungskampagne gegen die allgemeinen Gefahren des Sodbrennens. Diese Taktik ist bekannt unter dem Stichwort »Aufmerksamkeit wecken« und kommt bei Kassen und Gesundheitsbehörden gut an. Sodbrennen, so lautete die Botschaft, mag harmlos sein, aber auch Symptom einer Erkrankung: Die Speiseröhre könne sich auf Dauer so stark entzünden, dass sie fast keine Nahrung mehr durchlässt. Das ist natürlich Sache des Arztes. – Ängstliche Menschen waren

sehr schnell dort, wo AstraZeneca sie haben wollte, nämlich in einer Praxis.
Den Ärzten hatte der Konzern inzwischen seine Pharmareferenten scharenweise mit Pro-Nexium-Argumenten auf den Lippen ins Haus geschickt und gleichzeitig aufwendig in der Fachpresse inseriert. Wenn die Mediziner abends in ihren Fachzeitungen blätterten, konnten sie die großen Nexium-Anzeigen gar nicht übersehen. Einladungen zu Symposien im Mittelmeerraum hielten die Sympathiewerte für Nexium permanent am oberen Rand.
Nachdem das Umfeld sorgfältig bearbeitet war, schaltete AstraZeneca Anzeigen über das allgemeine Thema Sodbrennen in auflagenstarken Magazinen und Frauenzeitschriften.
Blickfang der Inserate war ein Fliegenpilz, eine Anspielung auf den berauschenden Stoff des Schwammes mit dem roten Hut. »Die Natur kennt vielfältige Alarmzeichen, die das Leben vor lauernden Gefahren schützen.« Dieser Werbetext enthält zwei Stichworte, die Furcht einflößen: Alarm und lauernde Gefahr. Raffiniert fuhr der Text fort: »Kennen Sie Sodbrennen? Auch das ist ein Alarmzeichen.« Und kurz darauf: »Sodbrennen fordert genauso viele Opfer wie der Straßenverkehr – jedes Jahr.« Doch die Möglichkeit, die Gefahr zu bannen, sei groß. »Ihr Arzt kann Sie behandeln.« Das Wort Nexium fiel nicht. Es war auch nicht mehr nötig. Die Kombination Gehirnwäsche der Ärzte und Angstgefühle der möglichen Patienten brachte perfekte Ergebnisse.
2005 betrug der Nexium-Umsatz in Deutschland 214,4 Millionen Euro. Weltweit belegt das Magenmittel Platz fünf auf der Blockbusterliste. Ganz schön viel für ein Produkt, über das die Arzneimittelkommission der Deutschen Ärzteschaft urteilt, der therapeutische Fortschritt sei mit der Lupe zu suchen.

Ein Bestandteil der Nexium-Einführungskampagne war ein 8-Punkte-Test: »Ermitteln Sie Ihr Sodbrennenrisiko.« Das Spielchen wurde Publikumszeitschriften beigefügt. Ärzte legten den Test als Lesestoff für ihre Patienten im Wartezimmer aus. Dort teilte der Text das glückliche Schicksal von Kundenzeitungen in DB-Zügen: Er wurde gründlich gelesen. Wenn Langeweile den wartenden Patienten übermannt, schläft er ein oder er sucht nach Ablenkung und greift zu der Broschüre, die der Pharmareferent tags zuvor dem Herrn Doktor dagelassen hat. Nach wenigen Minuten ist der Leser gefesselt von den vielen Vorteilen des detailliert beschriebenen Medikaments gegen das Leiden X oder Y. Er beschließt, seinen Arzt danach zu fragen. Für den Pharmakonzern also prächtig gelaufen. Für den Patienten weniger. Die meisten Prospekte, die im Wartezimmer herumliegen, müssten eine rote Banderole tragen: Mit spitzen Fingern anfassen, Inhalt schöngefärbt.
Experten des Kölner »Instituts für evidenzbasierte Medizin« analysierten einhundertfünfundsiebzig Broschüren und Werbeprospekte mit fünfhundertzwanzig konkreten medizinischen Aussagen. Sie waren von Pharmavertretern renommierter Konzerne wie Aventis, Bristol-Myers Squibb und Pfizer an Ärzte in Nordrhein-Westfalen verteilt worden. Im Frühjahr 2004 veröffentlichte das Institut eine eindrucksvolle Mängelliste. In 94 Prozent der Publikationen fanden sie unbelegte, irreführende oder sogar falsche Produktinformationen.
»Die Beschreibung der Sicherheit und Wirksamkeit der pharmakologischen Produkte«, so warnten die kritischen Rezensenten aus Köln, »kann auf diese Weise einseitig verzerrt und die medizinische Qualität und Wirtschaftlichkeit der ärztlichen Verschreibungspraxis wesentlich beeinträchtigt werden.«

Eine andere, ganz und gar unethische Kundenbeeinflussung ist das Einstreuen von bezahlten Meinungen in scheinbar objektive Berichterstattung. Gemeint ist, wenn Fernsehstar Hannes Jaenicke (»Mama macht's möglich.«) in Promi-Klatschblättern über die besonderen Probleme eines Schauspielers mit Glatze plaudert und das Merck-Produkt Propecia erwähnt, ohne dass der Begriff Anzeige auftaucht.

Schleichwerbung ist so alt wie die Werbung selbst. Ihr Ausmaß ist mit dem Finanzbedarf der Medien jedoch ständig gestiegen. Seit die Verlage in der Werbekrise stecken, nutzt die Reklamekundschaft die Gelegenheit, mit ihren Arzneimitteln in die redaktionellen Räume vorzudringen. Nachrichten oder Reportagen in den Medien sind ein Werbeparadies. Die Kundschaft steht dem Inhalt viel unbefangener gegenüber als dem Text auf Anzeigenseiten. Peter J. Pitts, bei der FDA für Außenbeziehungen zuständig: »Die übertriebene Darstellung von den Wohltaten eines Arzneimittels und die Verniedlichung der Risiken ist in den Medien viel gefährlicher als in der Werbung.«

Eingefädelt werden die dunklen Deals selten von den Unternehmen selbst. Das erledigen PR-Agenturen. Die Public Relations Firma Pro Plenum machte dem Verlagshaus Springer einen 300 000-Euro-Antrag, wenn in Springer-Blättern wie *Welt* oder *Berliner Morgenpost* mit gewisser Regelmäßigkeit der Schweizer Pharmakonzern Novartis in freundlichem Ton erwähnt würde und wenn auch mal ein Foto eines Novartis-Medikaments erschiene. Nach Informationen des *manager magazin*, das diese Geschichte aufdeckte, wies der Springer Verlag das unsittliche Angebot zurück. Trotzdem werden künftig viele an Geld denken, wenn sie einen netten Zeitungsartikel über Novartis lesen.

In die Schleichwerbezeilen war der Schweizer Pharmakonzern schon vorher geraten, als herauskam, dass die Humphrey-Bogart-Witwe Lauren Bacall in einem Interview des Fernsehsenders NBC nicht zufällig, sondern gegen Bargeld die Vorzüge des Novartis-Augenmittels Visudyne gepriesen hatte. Inzwischen müssen Stars vor Auftritten im US-Fernsehen Auskunft geben, ob sie einen Werbevertrag mit einer Firma abgeschlossen haben.

Auch das deutsche Fernsehen ist keine schleichwerbungsfreie Zone. Das Hamburger Magazin *Der Spiegel* berichtete bereits Ende der neunziger Jahre ausführlich über Zahlungen von Pharmafirmen an die ZDF-Ratgebersendung *Gesundheit*. Selbst umstrittene Therapien wurden dort bejubelt. Kein Wunder, Arzneimittelhersteller hatten die Sendungen regelmäßig gesponsert.

Die Käuflichkeit von TV-Gesundheitsredaktionen nahm in den folgenden Jahren immer unappetitlichere Dimensionen an. Die ZDF-Chefredaktion musste Ende 2003 im Rundfunkrat Rechenschaft zu der unentwirrbaren Vermischung von Programm und versteckter Werbung ablegen. Der Sender erließ eine Selbstverpflichtungserklärung mit dem Inhalt, durchschaubare Verhältnisse zu schaffen. Das bedeutete nicht das Ende von bezahlten Sendungen. Die Sponsoren müssen lediglich im Abspann genannt werden. Dann sind viele Zuschauer schon aufs Klo gegangen oder haben den Kanal gewechselt.

Geliehener Glanz

Die idealen Zugpferde, um die Aufmerksamkeit der Patienten auf ein Arzneimittel zu ziehen, ohne den Namen direkt in den Mund zu nehmen, sind Promis. Fußballidol Pele redete als Macho so geschickt um die Potenzpille Viagra herum, dass jeder wusste, wovon er sprach. Hersteller Pfizer hatte elegant das Werbeziel erreicht.

Obendrein überstrahlen Glanz und Gloria fremder Leute stichhaltige Argumente. »Wer nichts zu sagen hat, lässt es wenigstens einen Prominenten sagen« kursiert als Bonmot in der Branche. Die Patienten folgen den Empfehlungen von Stars wie eine Lämmerherde dem Leithammel. Dicke, pickelige und schüchterne Menschen fiebern nach den Gesundheitsrezepten dynamischer, begehrenswerter und selbstbewusster Vorbilder. Besonders der Einfluss von TV-Größen ist schlicht unglaublich. 1999 ulkte Talkstar Harald Schmidt in seiner Late Night Show aus Spaß und ohne Auftrag mit einer Emser Nasendusche herum. Am nächsten Tag stürmten die Fernsehzuschauer die Apotheken und wollten die Nasendusche kaufen. Die Lager des Herstellers Hexal waren umgehend geräumt.

Überwältigt von dem ungeplanten Erfolg engagierte Hexal-Eigentümer Thomas Strüngmann den Fernsehstar 2003 für eine Imagekampagne. Innerhalb weniger Monate stieg der Bekanntheitsgrad von Hexal dank Harald Schmidt von 2,5 auf 14 Prozent. Als das geschafft war, verknüpfte Hexal in der Fernsehwerbung das Firmenlogo mit einzelnen Medikamenten. Inzwischen ist der Generikaverkäufer nach dem Arzneimittelhersteller Bayer und dem Kopisten Ratiopharm das bekannteste Pharmaunternehmen in Deutschland.

Sogar ganz seriöse Berichterstattung über Medikamente hat oft einen »Bias«, einen Drall, in die eine oder in die andere Richtung. Einen Garantieschein, dass es die richtige Richtung ist, gibt es nicht. Medizinjournalisten haben nämlich ganz spezielle Recherche- und Schreibgewohnheiten. Sie formulieren ihre Storys meistens auf der Grundlage einer einzigen Quelle, zum Beispiel einer Studie. Wenn am nächsten Tag eine zweite Studie auf ihrem Schreibtisch liegt, schreiben sie eine neue Geschichte. Die Inhalte können sich widersprechen. Es bleibt dem Leser überlassen, die Quellen zu vergleichen. Wahrscheinlich hat er die Zeitung vom Vortag schon weggeworfen.

Das Fachblatt *Der Journalist* prangerte in seiner Oktoberausgabe 2004 eine gefährliche Entwicklung an: Viele Redakteure, die über Gesundheitsthemen schreiben, verdienen sich nebenbei Geld durch PR-Arbeit. Auch die Themen würden immer seltener von den Journalisten selbst ausgesucht und recherchiert. Es sei leider bequemer und billiger, die Anregungen der Pharmafirmen für eine Berichterstattung aufzugreifen.

Informationen über Gesundheit oder Krankheit sind einflussreicher als Nachrichten auf den Politikseiten oder im Feuilleton. Kranke Menschen saugen hoffnungsvolle Ankündigungen wie Honig auf. Positive Berichte in Sonntagszeitungen über einen Wirkstoff, der an Mäusen erprobt wurde, lassen die Telefone in den Pförtnerlogen der Verlagshäuser nicht mehr stillstehen. Die Anrufer wollen wissen, wann das Heilmittel im Handel ist.

Wenn sie viel Glück haben, zwölf Jahre nach dem Mausexperiment.

Die Pharmaindustrie behauptet, die Wirkung ihrer Werbung würde total überschätzt. Der Patient – so kokettieren die Pillenwerber – sei mittels Internet heute der Souverän. Die Arzneimittelhersteller seine Diener.
Tatsächlich gibt es für jede Krankheit den passenden Web-Kontakt. Die Software-Firma Yahoo! ermittelte fünfundzwanzigtausend Patienten- und Gesundheits-Chat-Gruppen im Netz. Weitere fünfzehntausend Seiten zu konkreten Gesundheits- bzw. Krankheitsthemen können mit Mausklick aufgerufen werden. Einige davon haben vierhunderttausend Besucher im Monat.
Die Entwicklung hat Tücken. Die Inhalte des Internets unterliegen keiner öffentlichen Kontrolle. Es geht keine Ampel auf Rot, wenn im Netz die seriöse Information aufhört und die Bauernfängerei anfängt. Windige Geschäftemacher undefinierbarer Herkunft oder mit dubiosem Stiftungshintergrund nutzen das Internet zur Streuung frecher Botschaften und als Verkaufsplattform. Je verbreiteter das Netz, desto archaischer ist die Moral. Davor kann sich jeder Benutzer nur mit gesundem Misstrauen schützen.
Allen Leichtgläubigen sei eine Untersuchung der Universität Heidelberg über dreihundertdrei Homepages in Deutschland, England, Frankreich und Italien zu der Potenzpille Viagra empfohlen. Autoren dieser Internetseiten waren nicht Mitarbeiter des Herstellers Pfizer, sondern diffuse Interessenten. Fazit: Viele Informationen zu dem Lifestyle-Produkt sind nicht nur unvollständig und ungenau, sondern nach Ansicht der Heidelberger Pharmakologen ein veritables »Sicherheitsrisiko«.
Die forschenden Arzneimittelhersteller aus dem In- und Ausland stillen den Wissensdurst ihrer Klientel, das sei zu ihrer

Ehre gesagt, innerhalb der gesetzlich zulässigen Bandbreite und mit einer Fülle nützlicher Informationen. Die Pharmakonzerne überwachen sich gegenseitig, ob alle Angaben korrekt sind, sonst wird der Konkurrent verklagt. Wenn's ums Geschäft geht, pickt eine Krähe der anderen durchaus ein Auge aus.

Internet-Surfer sollten trotzdem keine Illusionen haben, die Informationen wären neutral. Sie haben es mit Profis zu tun, die ihre Besucher geschickt durch die Webseiten führen. Im Berater-Slang von McKinsey liest sich das so: »Proaktives Internet-DTC Brand awareness marketing kann sehr effizient das Behandlungs-/Verschreibungsverhalten für ein Medikament positiv beeinflussen.« DTC heißt Konsumentendirektwerbung.

Der Patient, der glaubt, als souveräner Gesprächspartner dem Arzt gegenüberzutreten, ist wahrscheinlich einer gutgestalteten Internetseite erlegen.

- Die Links zu Patientenorganisationen sollen den Werbecharakter der Seite verbrämen. Die Links zum Unternehmen das Gefühl der Geborgenheit vermitteln: Hier bist du im Schoß einer großen Firma gut aufgehoben.
- Serviceleistungen haben die Funktion, Patienten häufiger auf die Seite zu locken. Die Hersteller von Allergiepräparaten veröffentlichen tägliche Pollenflugmeldungen.
- Ärzte und Patienten lesen gerne Tips; gute Ratschläge wirken daher vertrauensbildend. GlaxoSmithKline bietet auf der Website für das Nikotin-Kaugummi Nicorette praktische Hinweise, wie man mit dem Rauchen aufhören kann. Die Viagra-Website beantwortet die Frage: Wie rede ich mit meinem Arzt über Impotenz? Mit solchen kleinen Tricks schaffen die Unternehmen Kundenbindung.

- Spielchen animieren die Patienten, sich mit Namen und Eigenschaften eines Produkts auseinanderzusetzen und sich mit Freunden darüber zu unterhalten. Der US-Konzern Johnson & Johnson bietet die Möglichkeit, sprechende elektronische Postkarten mit einem Angebot für eine kostenlose Hautanalyse und mit einer Probe des Produkts Clean & Clear gegen Akne zu verschicken. Die virusähnliche Verbreitung einer solchen Kampagne von Freundin zu Freundin ist sicher.
- Das Angebot, Informationsmaterial anzufordern, ist eine verkappte Datensammlung. Die Angaben, möglichst mit Geburtsdatum, liefern den Pharmaproduzenten wichtige Hinweise auf die Verwender.

»Ein informierter Patient ist nicht unbedingt ein vernünftiger Patient«, widerlegt die englische Wissenschaftlerin Elizabeth Murray die Illusion, das World Wide Web mache die Kranken immun gegen Wunschvorstellungen. Ihre gründliche Computeranalyse ergab: Das Internet hält die Menschen keineswegs davon ab, unnötige Behandlungen in Anspruch zu nehmen. Im Gegenteil. Die elektronischen Informationen treiben die Nachfrage nach Therapien in schwindelnde Höhen.
Der virtuelle Dialog zwischen Hersteller und Patient ist die sublimierte Verführung zu mehr Arzneimittelkonsum.

4 Marketing – Medikamente als Marke

Den forschenden Pharmafirmen erwächst eine ernsthafte Konkurrenz. Scharenweise und mit zunehmender Begeisterung verfallen Ärzte und Patienten dem preiswerten Charme von Nachahmerprodukten, den Generika. Inzwischen sind die Hersteller von Originalmedikamenten zur Gegenattacke übergegangen. Sie versuchen, aus ihren Arzneimitteln Markenartikel zu machen. Die Patienten sollen das Produkt lieben lernen. Sie sollen das Original auch dann noch kaufen, wenn der Patentschutz abgelaufen ist.

Konsequent beschäftigt Big Pharma heute »Brand Manager«. Der Ausdruck kommt aus der Cowboysprache. »To brand« heißt einem Rindvieh den Stempel des Eigentümers einbrennen. Der Bulle ist dann unverwechselbar.

Bei Arzneimitteln ist es der Name, der dem Präparat als Erkennungszeichen eingebrannt wird. Hinzu kommen Farbe, Form, Geschmack und Verpackung. Medikamente werden heute teilweise wie Pralinen in hübsche Kästchen verpackt.

Die erfolgreichsten Namenschöpfer der Welt arbeiten bei der Firma Interbrand-Wood in New Yorks Szene-Stadtteil Soho, direkt hinter dem Finanzdistrikt von Manhattan. Sie schneidern die Bezeichnung so passgenau auf ein Arzneimittel zu wie Pariser Couturiers ein Kostüm auf die Figur einer reichen Kundin. Der Aufwand an Geld, Kreativität und rechtlichen Recherchen ist enorm. Die Prozedur dauert zwischen achtzehn und sechsunddreißig Monaten und kostet 100 000 bis 700 000 Dollar.

Ein Blick in die Werkstatt: In einem futuristischen Konferenzraum mit riesigen Glasfenstern haben an einem Nachmittag bei Interbrand-Wood ein Dutzend junger Ärzte auf schwarzbezogenen Designer-Stühlen Platz genommen. Die Zimmerdecke ist mit grauem, schalldämpfendem Schaumstoff überzogen. Die opulente elektronische Ausrüstung erreicht Musikstudioniveau.

Hierher kommen die Marketingmanager der Pharmakonzerne Pfizer, Merck, Roche oder GlaxoSmithKline mit ihren Molekülzeichnungen. Nachdem sie den Fahrstuhl verlassen haben, öffnet sich optisch vor ihnen die Zukunft. Das hat der Innenarchitekt so ersonnen. Bis die Moleküle den Markt erreichen, werden Jahre vergehen. Die Kreativen von Interbrand-Wood suchen also nach Namen, die auf die Zukunft passen. Dabei landen sie Treffer um Treffer. Ihre Schöpfungen Celebrex, Epogen, Prilosec, Prozac, Viagra, Zocor sind sämtlich Blockbuster.

Die Sitzung mit den zwölf Ärzten läuft unter dem Arbeitstitel »Brand Shop«. Interbrand-Kreativdirektor John Fidelino hat die Mediziner eingeladen, um über Depressionen zu sprechen. Seine eigenen Mitarbeiter sind junge Leute mit bunten Berufen: Dichter, Journalisten, Künstler, Einkäufer. Sie kennen alle Slangs und alle Verrücktheiten dieser Welt.

Fidelino in blauer Designer-Schlabberjacke über einer beigefarbenen Lederhose notiert während des Gesprächs ununterbrochen Wortfetzen oder ganze Sätze. Er macht ein Gesicht, als wollte er in die Köpfe dieser Ärzte schlüpfen und in ihre Begriffswelt eintauchen. Der Kreativdirektor lädt auch Patienten zu seinen Brand Shops ein. Mit einer Busladung Hausfrauen will er erörtern, was sie über gutes und über schlechtes Cholesterin wissen.

Die lockeren Diskussionsrunden sind der Beginn eines langen, genau strukturierten Weges. Nach den ersten Recherchen, nach dem obligatorischen Blick ins lateinische und griechische Wörterbuch, nach dem Einsatz spezieller Software-Programme, die unter anderem jeden Buchstaben durch jeden anderen ersetzen, stehen circa zweitausend Namen auf der Auswahlliste.

Es folgen der sprachliche und der kulturelle Check. Wie klingen bestimmte Silben auf japanisch oder chinesisch oder welche Assoziationen weckt eine Buchstabenfolge in Indien? Jede Verwechslungsgefahr mit einem anderen Arzneimittelnamen ist ein K.o.-Kriterium. Die Zulassungsbehörden sind in diesem Punkt besonders genau. Sie weisen ein Drittel der Bezeichnungen zurück, um Verwechslungen im Alltag zu vermeiden.

Über ein Jahr vergeht, bis drei Namen die Rundumprüfung überstanden haben und anmeldungsfähig sind. Der Neuzugang darf keines der Rechte von weltweit fünfhunderttausend eingetragenen pharmazeutischen Warenzeichen verletzten. Falls der Markeneintrag des Favoriten an dieser Hürde scheitern sollte, braucht der Hersteller schnellstens Ersatzkandidaten. Wer die pünktliche Zulassung vergeigt, verliert Millionen.

Silben mit Strahlkraft

Die aufwendige Taufzeremonie ist kein Selbstzweck. Die Namen sollen in die Alltagssprache Eingang finden; Patienten sollen ungeniert und hoffnungsfroh darüber plaudern. David Wood, der Guru der Namensgeber, lässt sich gerne mit dem Satz zitieren: »Wir empfehlen den Pharmamanagern, keine Arzneimittel, sondern Überzeugungen zu verkaufen.«

Beim Hepatitis-C-Medikament Pegasys von Roche sieht der Patient das Flügelross, das aus dem Blut der Medusa entsprang, bildlich vor sich. Die beiden Silben des Antidepressivums Prozac von Eli Lilly sind aus pro und zac zusammengesetzt, um die Schwermütigen auch verbal aus der Lethargie zu reißen: »Pro« weckt positive Gedanken, »zac« assoziiert Power, Aktivität, Genauigkeit.

Mitunter nimmt sich der Hersteller wichtig. Ein Bayer-Antibiotikum heißt Ciprobay. Mit der Verbindung zum Bayer-Kreuz, einem der bekanntesten Firmenzeichen der Pharmawelt, wurde aus Cipro ein Blockbuster. Manchmal wird der Produktname direkt mit einem Milliardenumsatzprodukt in Verbindung gebracht wie »Clarinex« mit »Claritin« von Schering-Plough.

Besondere Suggestionskraft sagen die Interbrand-Namenserfinder ihrer Wortschöpfung Viagra nach. »Vi« steht für Vitalität, für »Vigour«, das ist das englische Wort für Energie und für »Virility«, Männlichkeit. Die zweite Silbe soll antike Assoziationen wecken. Das Wort erinnert manche Menschen an ein Aphrodisiakum.

Nachdem Fidelino verraten hat, dass der Name Viagra ursprünglich für ein Nierenpräparat gedacht war, kommen einem schlichten Gemüt allerdings Zweifel an den kühnen Interpretationen der sechs Buchstaben. Interbrand-Wood will auch leben und seine teure Miete bezahlen.

Mit den Männlichkeitsassoziationen der Silbe Vi waren auch die Pfizer-Absatzstrategen noch nicht zufriedengestellt. Können Sie sich vorstellen, dass Vigara ein Rennwagen, ein Hubschrauber, ein Laufschuh ist? Solche Tauglichkeitstests mussten die zwei Silben dutzendfach bestehen. Dann erst war der Name akzeptiert.

Der griffige Name, die rautenförmige Form und das helle Blau machten Viagra unverwechselbar – freilich nicht unkopierbar – und weltbekannt. Die offizielle Begründung von Pfizer, die Potenzpille sei blau, um nicht weiß zu sein, klingt dümmer, als sie ist. Jede Abweichung vom Standard der altbekannten Kopfschmerztabletten, weiß und rund, reduziert die Verwechslungsgefahr und ist ein Schritt auf dem Weg zum Markenartikel. Blau bot sich an, weil die Firmenschrift von Pfizer blau ist. Ernst Behse von der Firma AstraZeneca: »Es ist nicht wie bei bunten Smarties, wo überall dieselbe Schokolade drin ist. Die Farben kommen dem Arzneimittelsicherheitsdenken entgegen.«

Alle zwölf Monate erscheint eine Neuauflage der Gelben Liste *Identa.* Dort ist jede Tablette mit Originalgröße und Farbe abgebildet. Wer vor seinen Pillen wie vor einem Pilzgericht sitzt und nicht weiß, welche Sorte er gerade einnimmt, kann sie an Hand des Buches wie einen Pfifferling oder einen Fliegenpilz bestimmen.

Farben wecken Emotionen. Krebsmedikamente sind häufig giftgelb bis giftgrün. Der Kranke hat das Gefühl, die Farbe ätzt den Tumor weg. Die Potenzpillen-Farbtöne Blau sowie Erdfarben für Levitra und Cialis verströmen Wohlgefühl. Sobald der Patient seinen Arzt oder Apotheker nach seiner »kleinen Blauen« oder »kleinen Apricotfarbenen« fragt, hat der Pharmakonzern den Himmel auf Pillen-Erden erreicht. Der Kunde ist markentreu geworden.

Branding hin, Branding her – irgendwann kommt es bei Medikamenten zum Schwur: Hilft das Mittel oder hilft es nicht? Und mit welchen Nebenwirkungen muss ich, der Patient, rechnen?
Viagra hat trotz des gigantischen wirtschaftlichen Erfolges und des schönen Designs eine Achillesferse, die manchen Mann stört. Er muss mindestens eine Stunde warten, bis die Wirkung eintritt.
Solche Schwächen eines Produkts sind die Chancen der Konkurrenten. An der Wiege eines neuen Wirkstoffs stehen die Marketingmanager gleichberechtigt neben den Forschern und Entwicklern. Sie geben genau vor, welche Eigenschaften das Arzneimittel haben muss, damit es ein Markterfolg werden kann.
Die Entwicklungsmannschaft von Bayer, die ab 1995 das Viagra-Konkurrenzprodukt Levitra entwickelte, bekam von den Marketingmanagern die Auflage: »Schnelle, zuverlässige Wirkung, sonst haben wir gegen Viagra keine Chance.« Die blaue Pille war damals noch nicht zugelassen. Von Kongressen wussten die Wettbewerber aber sehr genau, was das Potenzmittel konnte und was nicht.
Der zweite Pfizer-Konkurrent Eli Lilly legte den Schwerpunkt der Entwicklung auf den Produktvorteil »lange Wirkung«. Der Mann kann nach der Einnahme der Potenzpille Cialis 48 Stunden lang den erotischen Reizen einer Partnerin erfolgreich erliegen. In Frankreich bekam Cialis den Beinamen »Le Weekend«. Eine solche herausragende Produkteigenschaft ist ein Geschenk für eine Marketingabteilung. Cialis ist das bevorzugte Produkt junger Männer.
In den sorgfältig getexteten Broschüren von allen drei

Potenzmittelherstellern ist freilich niemals von Sexprotzen die Rede, nicht davon, dass die Pornoindustrie profitiert oder dass Männer beim Hausarzt ein Rezept verlangen, damit sie vor dem nächsten Bordellbesuch keine Angst haben müssen. Das Äußerste, was Bayer wagte, war eine Kampagne mit erotischen Photos des inzwischen verstorbenen Kultfotografen Helmut Newton.

»Lifestyle«, sagt der weißhaarige Biochemiker Erwin Bischoff, der führende Kopf bei der Entwicklung von Levitra, »als Lifestyle-Droge haben wir das Medikament nie gesehen. Wir sind der Meinung, Erectile Dysfunktion ist eine Krankheit.«

Diese Produktaussage hat sich Bayer gut überlegt. Eli Lilly und Pfizer argumentieren genauso. Das ist gut fürs Geschäft. Männer müssen in nahezu allen Ländern ihre Sex-Nachhilfe selbst bezahlen. Wenn die Potenzstörung als Krankheit anerkennt wird, kommen die Kassen dafür auf.

Klotzen statt kleckern

Für Giovanni Fenu, damals Leiter des Globalen Strategischen Pharmamarketings von Bayer-Healthcare, war Bischoff ein Glücksfall. Ein Vorzeige-Forscher vermarktet ein Produkt authentisch. Bischoff tingelte als Sympathieträger für gehobene Werbeunterhaltung mehrmals um die Welt und half mit, die Potenzpille in inzwischen einundachtzig Ländern einzuführen. Mit Engelsgeduld wiederholte der freundlich schwäbelnde Brillenträger mit der sanften Stimme und dem schlohweißen Bart vor wechselndem Publikum die Entstehungsgeschichte von Levitra.

Noch vor wenigen Jahren hätte sich Bischoff mit seinen Reisen viel Zeit lassen können. Doch heute regiert das Tempo-Marketing rund um den Erdball. Big Pharma gibt 25 bis 30 Prozent des gesamten Einführungsbudgets in den ersten zwölf Monaten nach der Zulassung aus. Die eingesetzten Summen sind atemberaubend hoch. Sie demonstrieren, welche Bedeutung die Pharmamanager dem globalen Marketing-Trip einräumen.

Der Arzneimittelriese AstraZeneca investierte in den Start des Cholesterinsenkers Crestor von August 2003 bis August 2004 etwa 1 Milliarde Dollar. Fachleute nennen diese Summe die »share of noise«. Für den Gegenwert von 1 Milliarde wurde für Crestor Lärm geschlagen. Die Zahl der Pharmavertreter heißt analog »share of voice«.

Es geht immer nach der Devise: Wenn mein Konkurrent den Betrag X ausgibt, kann ich nicht zurückstehen. Levitra-Promoter Fenu: »Es war uns von Anfang an klar, dass wir ebensoviel Geld in die Vermarktung stecken mussten wie Pfizer in Viagra, sonst hätten wir es ganz bleiben lassen können.«

Selbst für ein Produkt mit präziser medizinischer Indikation wie das Insulin Lantus startete Hersteller Aventis in zweiundsiebzig Ländern die im Kapitel Werbung geschilderte Weltkampagne mit dem Nachen. Das sorgfältige Arrangement des Ruderers auf der glatten Wasserfläche soll Ruhe verströmen. Aber Aventis hat es eilig. Nur Hersteller, welche die großen Pharmamärkte schnell erobern, können ihre Kapazitäten in der Produktion und im Vertrieb voll auslasten. Dann sinken die Stückkosten rapide, und die Gewinne klettern und klettern.

Natürlich kommt kein Nicht-Diabetiker als Insulinkunde in Frage. Doch jeder Hersteller kämpft innerhalb der Gruppe der Zuckerkranken um Sympathiepunkte und Verschreibungen.

Tony Zook, Vizepräsident für Globales Marketing bei Astra-Zeneca, projiziert bei PowerPoint-Präsentationen seine Vorbilder an die Wand – es sind die Markenzeichen von McDonald's, Coca-Cola, Walt Disney und BMW.
Bei globalen Marken verlieren Daten wie Nationalität, Einkommen, Alter oder Beruf für das Marketing an Bedeutung. Die Arzneimittelhersteller segmentieren ihre Kunden heute ebenso wie ihre Kollegen aus der Konsumgüterindustrie nach Einstellungen und Lebensstilen. Sie teilen die Patienten in globale Verwendertypen ein.

Von Forschen und Furchtsamen

Patienten sind für Arzneimittelhersteller keine unstrukturierte Masse. Durch ihre unterschiedliche Einstellung zu Ärzten und Medikamenten sind einzelne Gruppen für differenzierte Botschaften besonders empfänglich. Die folgende Typologie gilt für viele europäische Länder. Die Gewichtung der einzelnen Gruppen wechselt allerdings von Land zu Land. In Deutschland gibt es weniger »Vorausdenkende« als zum Beispiel in England oder Italien. Die »Passiven« sind in Deutschland eine starke, in Italien eine bemerkenswert kleine Fraktion. Die Vermeider sind in allen Ländern fast gleich stark vertreten.

Die Vorausdenkenden (21%)
Krankheiten vertreiben sie durch eine vernünftige Lebensweise, einschließlich Gymnastik und Diät. Wehwehchen diagnostizieren und kurieren sie selbst aus. Zu ihren

Ärzten pflegen sie eine selbstbewusst-partnerschaftliche Beziehung. Die Ratschläge akzeptieren sie erst nach längeren Diskussionen. Konnten sie von einer Therapie überzeugt werden, schlucken sie ihre Medikamente gewissenhaft. In der Klinik erwarten sie optimale ärztliche Versorgung.

Die Vermeider (18%)
Es ist ihnen ein Greuel, krank zu sein. Am liebsten verdrängen sie das Thema. Man lebt ja nur einmal. Logischerweise ist ihnen der gesamte Gesundheitsbetrieb unsympathisch bis furchteinflössend. Bei akuten Symptomen befolgen sie alles, was von ihnen verlangt wird. Sobald Besserung eingetreten ist, sieht sie der Arzt nur noch von hinten.

Die Passiven (17%)
Sie denken nicht an Krankheiten, bis sie ein konkretes Problem haben. Dann liegt es ihnen allerdings fern, sich selbst zu helfen. Die Diagnose des Arztes ist für sie ein Dogma. Sie schätzen unkomplizierte Medikamente und gewissenhafte Ärzte.

Die Stoischen (16%)
Selbst wenn es ihnen richtig dreckig geht, bleiben sie Optimisten. In Wartezimmern sitzen sie nie unnötig herum – wozu auch? Sie schwitzen Krankheiten am liebsten aus. Wenn die Fieberkurve steil ansteigt, holen sie sich ein paar Pillen beim Apotheker. Bei ernsten Krankheiten sind ihre Erwartungen an die ärztliche Kunst hochgesteckt. Dann geben sie sich ungern mit einer Allerweltsmedizin zufrieden, sondern verlangen eine Spezialbehandlung. Anschließend kümmern sie sich wenig darum, was ihnen der Arzt empfohlen hatte.

Die ängstlichen Ratsucher (14%)

Aus Sorge, krank zu werden, ist diese Gruppe für Produkte und Dienstleistungen von Ärzten und Apothekern höchst empfänglich. Vorbeugung hat für sie einen hohen Stellenwert. Sie gehen regelmäßig zum Arzt. Dort sind die ängstlichen Ratsucher als schwierige Patienten bekannt. Bei ihnen zu Hause liegen angebrochene Arzneimittelschachteln herum. Sie probieren sofort die nächste Heilkur aus.

Die Abhängigen (14%)

Sie sind verzagt und immer auf der Suche nach Aufmerksamkeit und Absicherung. Krankheiten sind ihr Lieblingsthema bei Freundes- und Verwandtentreffen. Sie sitzen wegen jeder Befindlichkeit beim Arzt. Wehe dem Herrn Doktor, der sie nicht wichtig nimmt.

Quelle: McKinsey & Company

Für ein konkretes Projekt verfeinern die Absatzstrategen ihr Raster. Bei impotenten Männern haben sie fünf Gruppen definiert: Der »Ich-bin-nicht-schuld«-Typ (15 Prozent); der sicherheitsbewusste Typ, er hat lieber ein Potenzproblem, als möglicherweise wegen unsachgemäßer Einnahme eines Potenzmittels tot im Bett zu liegen (20 Prozent); Männer mit Hemmungen (20 Prozent); uninteressierte Skeptiker (27 Prozent) und impotente Männer mit dem Wunsch: Ich brauche das Neueste, oder potente Männer mit übergroßer Libido, die auch das Neueste brauchen (18 Prozent). Klar, dass sich die Marketingleute für diese 18 Prozent am stärksten interessieren.

Mit aufwendigen Studien versuchen die Marktforscher die Seele dieser verschiedenen Typen zu erforschen. Die Pharmahersteller wollen bei den Patienten jene Saiten zum Klingen bringen, die empfänglich für ihre Botschaften sind. Fidelino unterhält sich deshalb mit Ärzten und Hausfrauen. Faith Popcorn, der Oberkreative einer Marketingagentur gleichen Namens, trifft sich mit sechstausend Jugendlichen im Alter zwischen 18 und 34 Jahren. Er will ihre Ansichten über Schmerzen in Erfahrung bringen. Sein Auftraggeber ist der Schmerzmittelhersteller Johnson & Johnson.

»Ouch«

Das Ergebnis der Popcorn-Recherchen stellte die traditionellen Vorstellungen über Schmerzempfinden auf den Kopf. Die Rollerblade-Generation hat eine masochistische Einstellung zu körperlichen Leiden. Beim Piercing, bei Extremsportarten und bei Reality-Shows im Fernsehen fügen sich die Jugendlichen freiwillig Schmerzen zu. Sie finden das cool und leiden lustvoll. Die Brandmanager von Johnson & Johnson begriffen, dass sie diesen jungen Leuten mit ihren bewährten Marketingkonzepten keine Schmerztabletten verkaufen können. Mit verzerrten Migränegesichtern von Mamas und Papas können die Teenies nichts anfangen.
Die Pharmaverkäufer gründeten die Jugendinitiative »Schmerzpartner« mit dem Erkennungsruf »Ouch«. Sie arrangieren Happenings oder hängen sich an Skateboardertreffen an. Als Geldgeber treten sie möglichst gar nicht in Erscheinung.
Die Jugendlichen erzählen sich dort »Schmerzgeschichten« von Rollerblade-Unfällen, abgebrochenen Fingernägeln und kopfschmerztreibenden durchzechten Nächten. Nur in ganz kleiner Schrift auf Videos oder Night-Club-Screens steht das Wort Tylenol. Das ist der Name des Schmerzmittels. In

Deutschland heißt es ben-u-ron. Ausgeflippt? »Ouch«. Johnson & Johnson verzeichnet die ersten Umsatzsteigerungen.

Neue Sitten

Im Jahr 1894 gab der Drogist Asa Candler als erster Hersteller der Welt Gutscheine aus, für Coca-Cola. Er verkaufte das Getränk witzigerweise als »Gesundheitsartikel«mit »stärkenden und nervenstimulierenden Eigenschaften«. Der Siegeszug des Gutscheins war noch größer als der Erfolg der Cola. Über 300 Milliarden Gutscheine für die unterschiedlichsten Produkte und Dienstleistungen sind heute jährlich im Umlauf.
Die Hersteller verschreibungspflichtiger Medikamente hatten mit solchen simplen Verkaufshilfen lange nichts im Sinn. Gutscheine passten nicht zum Image seriöser Arzneimittel. Doch auf einmal trauen sie sich was. Pfizer legt in Amerika seinen Viagra-Packungen einen Wertgutschein bei. Nach dem Einkauf von sechs Schachteln gibt es eine umsonst. Mit der Aktion will Pfizer die Potenzpillenkäufer zu mehr Markentreue erziehen. Sie sollen die Konkurrenzprodukte Levitra und Cialis gar nicht erst ausprobieren – und deren schnellere oder längere Wirkung nicht kennenlernen.
Novartis ist noch kühner. Die Schweizer geben für ihren Blockbuster Diovan in den USA eine Erfolgsgarantie. Sinkt der Blutdruck nach mehrmonatiger Einnahme nicht auf einen Level, der zwischen Patient und Arzt ausgehandelt wurde, erstattet der Hersteller teilweise die Behandlungskosten. Das klingt trivial – und doch sind es Absatzmethoden, die bisher in der Pharmabranche verpönt waren. Die Diovan-Kampagne entzückt Ärzte und Patientenorganisationen. Die Kranken

nehmen ihre Tabletten korrekt ein, was bei Hochdruckpatienten ziemlich ungewöhnlich ist. Sie gehen häufiger zum Arzt und lassen den Blutdruck überprüfen.
Die Deutschen, aber auch andere Europäer haben das Nachsehen. Bei uns gibt es solche Aktionen nicht. Die Rabattgesetze, sagen die Hersteller, sind zu kompliziert.

Prima Klima

Medikamente sind trotz der Globalisierung des Marketings in verschiedenen Ländern unterschiedlich beliebt. Dieses Phänomen verblüfft sogar Fachleute. Aufschlussreiche Zahlen liegen für England, Deutschland, Frankreich und Italien vor. Von hundert Arzneimitteln werden dreiundsechzig nur in einem einzigen Land verschrieben. Die Nachfrage bei den anderen schwankt wie der Appetit. Franzosen und Japaner sind Großverbraucher bei Antibiotika. Die Deutschen schlucken herausragend viele Magenpillen. Sogar die Häufigkeit von Krankheiten innerhalb Europas ist nicht gleich stark ausgeprägt.
Marketingexperten haben für diese erstaunlichen Unterschiede bei Menschen mit ähnlichem Lebensstandard und vergleichbaren Gewohnheiten eine schlüssige Erklärung: Es liegt an den KOLs. Das ist die Abkürzung für Key External Opinion Leaders, übersetzt Meinungsbildner.
In der örtlichen Gemeinde, im Verein, in der näheren persönlichen Umgebung beeinflussen Multiplikatoren die Nachfrage nach Gesundheitsdienstleistungen wie Popstars die Wünsche 16jähriger Mädchen. Die KOLs sind wissenschaftliche Koryphäen, die Rundfunkinterviews geben, es sind Abgeordnete im Landes- oder Stadtparlament, es sind Schulleiterinnen,

Honoratioren, Präsidenten von Patientenorganisationen, Pfarrer, und es sind Showgrößen.

Der Siegeszug der Psychopille Ritalin, die hyperaktive Störenfriede in der Schule lehrererträglich machen soll, ist die Folge solcher »ansteckenden« Publizität. Das Medikament ist ein wichtiger Gesprächsstoff auf Elternabenden und im Hörfunk. Die Zahl der Ritalin-Verordnungen stieg in Deutschland in zehn Jahren um mehr als das Vierzigfache. Auch gesunde Erwachsene, deren Leistungen nicht mehr den Erwartungen ihres Umfelds entsprechen, greifen zu dieser Modedroge. Sie ist »in«, weil bekannte Pädagogen darüber reden.

Das Antifaltenmittel Botox verdankt seinen kometenhaften Aufstieg den öffentlichen Bekenntnissen einflussreicher Damen aus Politik und Wirtschaft: »Ich brauche bald wieder eine Behandlung.« Dieser Satz ist keine bezahlte Werbebotschaft des Botoxherstellers Allergan. Das ist freimütiges Geplauder von Teresa Heinz Kerry, der Ehefrau des demokratischen Bush-Herausforderers John F. Kerry.

Besonders trendy sind Botoxpartys: Dabei trifft sich eine Gruppe von faltenüberdrüssigen Frauen mit einem Arzt, der durch dieses Arrangement mehrere Damen auf einmal mit Botox-Ampullen behandeln kann. Der glättende Effekt hält zwischen drei und sechs Monaten. Danach lässt es Politikergattin Kerry alle wissen: »Ich brauche eine Behandlung.« Und schon dreht sich die Meinungsspirale weiter.

In Japan sind die KOLs noch einflussreicher als in anderen Ländern. Die Hierarchie ist ein wichtiges Ordnungselement der dortigen Gesellschaft. Wer in Südostasien die Meinungsführer für sich gewinnen kann, erzielt mit minimalem Einsatz eine maximale Wirkung.

KOLs werden von guten Netzwerkern umgarnt. Das kann der Betriebsleiter sein oder der Regionalleiter oder eine clevere

PR-Frau. In Japan arbeiten die besten Netzwerker traditionell für nationale statt für ausländische Pharmakonzerne. Daher sind unter den zehn umsatzstärksten Arzneimittelherstellern nur zwei Amerikaner und ein Europäer.

In seinem Buch *The Tipping Point – Wie kleine Dinge Großes bewirken können* beschreibt der Autor Malcolm Gladwell minutiös, wie Krankheitswellen, Selbstmord-Epidemien und Trendkampagnen denselben Mustern der indirekten Einflussnahme folgen.

Die gezielt eingesetzte und professionell gesteuerte Mund-zu-Mund-Propaganda unter Meinungsbildnern ist heute fester Bestandteil jeder Arzneimittel-Einführungskampagne.

Die Pharmakonzerne nehmen alle Meinungsbildner wichtig.

5 Generika – Nachahmer auf dem Vormarsch

Wenn der Inder Parwan Seth ein kniffliges Problem lösen will, dann geht er auf den Golfplatz. Beim Abschlag fallen dem in Kalifornien lebenden Verfahrensingenieur die besten Ideen ein. Die meisten davon verwandelt er in Patente, die er für viel Geld weiterverkauft.

Die üppigsten Zahlungen kamen bislang von dem deutschen Unternehmer Patrick Schwarz-Schütte. Der Vorstandsvorsitzende der Schwarz Pharma AG in Monheim überwies ihm rund 30 Millionen Euro Honorar.

Als Gegenleistung erhielt Schwarz-Schütte das Nutzungsrecht für ein Patent wertvoll wie eine Goldader. Der Inder hatte einen Dreh gefunden, wie man den Wirkstoff Omeprazol herstellen kann, ohne die Formulierungspatente des Pharmamultis AstraZeneca zu verletzen.

Omeprazol verhindert Magengeschwüre. Als Medikament ist es unter den Bezeichnungen Losec, Antra Mups oder Prilosec weltbekannt. Hersteller AstraZeneca machte in der Spitze, 1998, mit seinem damals noch patentgeschützten Produkt über 5 Milliarden Dollar Umsatz. Also ein Superblockbuster.

So ein Kleinod lässt sich ein globaler Pharmakonzern von einem deutschen Mittelständler und einem indischen Selfmademan natürlich nicht kampflos wegnehmen. Die Patentanwälte des Unternehmens klagten in den USA gegen die unbequemen Angreifer. Das war 1999. Schwarz-Schütte verpflichtete die bekannte Patentanwaltskanzlei Pennie & Edmonds zu seiner Verteidigung. Die Juristen arbeiteten auf Erfolgsbasis. So musste Schwarz-Schütte nicht in Vorleistung treten. Ging der Richterspruch zugunsten des Deutschen aus, sollte ein üppiges Honorar fließen. Bei negativer Entscheidung hätten die Anwälte umsonst gearbeitet.

Die Gleichung »ein Produkt = ein Patent« stimmt schon lange nicht mehr. Der Wirkstoff, das Herstellungsverfahren, die Darreichungsform werden getrennt als Patente angemeldet und bilden gemeinsam eine Mauer. Vergleiche mit dicken Stadtmauern, deren Belagerung im Mittelalter viel Zeit beanspruchte, sind angebracht. Die Patentmauer soll Zeit schinden. Das ist eine wichtige Abwehrstrategie der Originalhersteller. Jeder Tag, der durch Prozessgeplänkel die Zulassung von Schwarz-Schüttes Omeprazol in den USA verzögerte, brachte AstraZeneca 11,51 Millionen Dollar Umsatz und rund 3 Millionen Dollar Gewinn. Auch in Europa verteidigte AstraZeneca seine Patente mit allen zur Verfügung stehenden Tricks. Die Unverfrorenheit erregte sogar den Zorn der Europäischen Kommission.

Irres Spiel

Zurück zu Amerika. Die Anwälte von Schwarz Pharma bekamen ihr Geld am Ende einer langen Zitterpartie doch noch. Nach dreieinhalb Jahren entschied die New Yorker Richterin Barbara Jones am 11. Oktober 2002 den Streit zugunsten des Angreifers. Leicht hat sich die Dame die Entscheidung nicht gemacht. Ihre Begründung ist 277 Seiten lang.

Schwarz-Schütte hatte mit diesem Sieg schon früher gerechnet. Eine neue Produktionsanlage bei seiner amerikanischen Tochtergesellschaft Kudco war startbereit. Am 9. Dezember 2002 verließen morgens um 5 Uhr 20 Lastwagen den Fabrikhof in Seymour/Indiana, beladen mit Arzneimittelpackungen. Die Fracht war etwa ein Drittel billiger als ein Truck voll mit Prilosec von AstraZeneca. Schwarz Pharma verkaufte die Packung für 2,50 Dollar, AstraZeneca für 3,70 Dollar.

Magenkranke Amerikaner warteten sehnsüchtig auf die preiswerte Ware. Schwarz-Schüttes Omeprazol-Umsatz schnellte innerhalb von zwölf Monaten von 166 auf 884 Millionen Dollar nach oben. Der Gewinn machte einen Hochsprung um 866 Prozent. Wie im Märchen der Gebrüder Grimm fielen die »Sterne vom Himmel und waren lauter harte blanke Taler«.

Das kleine Wirtschaftswunder währte allerdings nur kurz. Ein halbes Jahr später wurde der Angreifer seinerseits angegriffen. Der Generikahersteller Mylan Pharmaceuticals verklagte Kudco aus heiterem Himmel wegen Patentverletzung und begann ab August 2003 zusammen mit dem spanischen Kopisten Esteve, eigenes Omeprazol auf den Markt zu werfen. Schwarz-Schütte verklagte die Kontrahenten unverzüglich auf unzulässige Aneignung des Patents. Solche Scharmützel sind in der Branche alltäglich. Man greift zum Telefon und ruft seinen Anwalt an.

Schwarz-Schütte hatte dem Marktführer AstraZeneca die Preise verdorben. Der neue Konkurrent Mylan verdarb Schwarz-Schütte die Rendite. Die Amerikaner verkauften ihr Omeprazol für 1,50 Dollar die Kapsel an den Großhandel. Schwarz-Schütte und AstraZeneca korrigierten zähneknirschend ihren Packungspreis ebenfalls nach unten auf 1,50 Dollar.

Dieser Patent-Krimi hat für Patienten eine gute Botschaft: Der

Wettbewerb funktioniert. Medikamente werden billiger, sobald angriffslustige Konkurrenten auftreten.
Die Story enthält auch eine schlechte Nachricht: Bataillone teurer Anwälte streiten um die Patente. Die meisten Prozesse schleppen sich jahrelang durch mehrere Instanzen. Das ist ärgerlich und obendrein sehr teuer.
Beim Omeprazol hatten die deutschen Verbraucher ausnahmsweise mehr Glück als die US-Konsumenten. In der Bundesrepublik war die Rechtslage weniger kompliziert. Die Deutschen können das Magenmittel seit April 1999 als Generikum in der Apotheke kaufen.

Aus alt mach neu

Die Kontrahenten solcher Patentkriege kommen aus zwei verfeindeten Lagern: forschende Pharmaunternehmen contra Generikahersteller, auch Nachahmer genannt.
Das Omeprazol von Kudco und von den deutschen Herstellern Hexal, Merck, Ratiopharm oder Stada ist »generisch«. Das heißt »die Gattung betreffend«.
Der seltsame Begriff umfasst Pillen, Pulver und Spritzen, deren Patentschutz verstrichen ist. Nach Ende dieser Frist können Wettbewerber den jeweiligen Wirkstoff nachmixen und ungehindert verkaufen.
Dem Begriff Nachahmer haftet etwas Unkorrektes an. Das ist ein Vorurteil. Generikahersteller besorgen sich die Unterlagen der forschenden Industrie nicht über dunkle Kanäle und imitieren sie skrupellos. Die Nachahmer arbeiten auf dem Boden der Gesetze. Was sie dürfen und was sie nicht dürfen, das ist in allen Ländern präzise geregelt. Eine ganz andere Story sind

die pharmazeutischen Raubkopien aus illegalen Wirkstoffküchen, von denen es in Indien und China Tausende gibt. Das sind Länder, welche die internationalen Patentabkommen nicht unterschrieben haben oder großzügig auslegen. Das Geschäft mit Plagiaten von Potenzpillen blüht dort so üppig wie der Anbau der Mohnpflanze in Afghanistan.

Reiche Beute in fremden Revieren

Generika sind eine amerikanische Erfindung. Das Geburtsjahr der modernen Nachahmerbranche war 1984 in Washington, D.C. Bis zu diesem Zeitpunkt lohnte es sich nicht, irgendwelche patentfreien Medikamente auf den Markt zu bringen. Die Zulassung war viel zu teuer und umständlich.

Der berühmte Hatch-Waxman-Act der Abgeordneten Orrin Hatch und Henry Waxman löste das Problem. Das Gesetz räumt den Kopisten das Recht ein, auf die Forschungsunterlagen und die klinischen Prüfungen des Originalherstellers zurückzugreifen. Rasch folgten andere Länder mit ähnlichen Gesetzen.

Wenn keine Ausgaben für Forschung und Entwicklung anfallen, sind die Vorlaufkosten für ein Generikum natürlich niedriger als für ein Original. Attraktiv ist auch der Zeitgewinn. Entwicklung und Zulassung dauern drei oder vier und nicht acht bis zehn Jahre. Das Nachahmerprodukt muss allerdings eine wichtige Voraussetzung erfüllen. Es hat »bioäquivalent« zu sein. Das heißt, eine Nachahmerpille muss im menschlichen Körper identisch wirken und so abgebaut werden wie das Original. Das stellt für die Kopisten meistens kein Problem dar.

Mit ihren preiswerten Alternativen retten die Pharma-Aldis die Krankenkassen vor dem Finanzkollaps und bringen die forschenden Konkurrenten auf Trab. »Es ist kein Zufall«, sagt Israel Makov, Vorstandsvorsitzender von Teva, dem größten Generikahersteller der Welt, »dass Amerika gleichzeitig die stärksten Generikafirmen und die stärkste forschende Pharmaindustrie der Welt hat.«
Die Argumente liefert der Teva-Chef gleich mit. Vor dem Generikaboom hätten die Unternehmen ihre Forschungsbudgets teilweise für fragwürdige Entwicklungen verplempert. Heute konzentrieren sie sich häufiger auf Innovationen, die schnell ein Blockbuster werden können.

Unsäglicher Hochmut

Die Nachahmerbranche expandiert wie im Rausch. In den nächsten fünf Jahren verlieren siebenundsechzig umsatzstarke Medikamente ihren Patentschutz. Das sind siebenundsechzig Chancen für die Kopisten. Heute liegt ihr weltweiter Umsatz bei 34 Milliarden Dollar. Davon entfallen 5 Milliarden auf den größten europäischen Generikamarkt, nämlich Deutschland. Die Prognosen für 2008 liegen bei 61 Milliarden Dollar weltweitem Nachahmergeschäft.
Nun rächt es sich für die forschende Pharmaindustrie, keine Generikafirmen zu besitzen. Dann bliebe – rechte Tasche, linke Tasche – das Geld nach Patentablauf wenigstens teilweise im eigenen Haus. Doch mit Ausnahme des Pharmakonzerns Novartis mit seiner Generikatochter Sandoz betreiben die weltgrößten Pillenmultis kein nennenswertes Nachahmergewerbe. Der Know-how-Vorsprung der Billigmediziner im

gezielten Wegbeißen von Patenten ist für sie fast uneinholbar geworden.

Die Multis verpassten den Einstieg in die Discountpräparate aus Dünkel. Sie verachteten in ihrem hehren Ethos vom hochinnovativen, forschenden Unternehmen die »Arme-Leute-Medizin«. Die Althergebrachten legten selbst in den achtziger Jahren ihre Arroganz nicht ab, als die Nachfrage nach Billigarzneien wegen der Finanznot vieler Krankenkassen stark anzog. Etliche stiegen halbherzig ins Generikageschäft ein und gaben es bald wieder auf. Die meisten ließen es weiter links liegen.

Die Rendite war ihnen zu mickrig. Kopierbare Blockbuster waren rar. Die Originalhersteller machen auch heute mehr Profit als ihre Verfolger. Doch die Nachahmer holen auf.

In den großen Konzernorganisationen fehlten obendrein die Führungskräfte, die in Stunden statt in Jahren denken. Geschwindigkeit ist die schärfste Waffe im Generikageschäft. Wer nicht zu den Frühaufstehern gehört und seine Kopie zum erstmöglichen Termin in die Apotheken bringt, kann sein Produkt nur noch verramschen. Die Preise verfallen nach wenigen Wochen so schnell wie die von Saisonware in der Modeboutique.

Patente Pillendreher

Es waren fixe Mittelständler und unkonventionelle Was-kostet-die-Welt-Unternehmer, die den Markt aufrollten. In Deutschland startete der Wahlschwabe Adolf Merckle in einer stillgelegten Ulmer Fabrik unter dem Namen Ratiopharm den Frontalangriff auf den Aspirinhersteller Bayer. Mit kleinstmöglichem

Aufwand ließ Merckle dort Acetylsalicylsäure herstellen, den Wirkstoff der Schmerztablette.
In Holzkirchen bei München bauten die Zwillingsbrüder Andreas und Thomas Strüngmann den kleinen väterlichen Augenheilmittel-Betrieb zum weltweiten Generikaimperium Hexal aus. In Bad Vilbel bei Frankfurt am Main trimmte der Ex-Pharmareferent Hartmut Retzlaff die Apotheker-Genossenschaft Stada durch Billigpillen auf Erfolg und führte Stada-Aktien an der Börse ein.
Die Familiengesellschaft Merck in Darmstadt erwarb die Generikafirma des gebürtigen Südafrikaners Tony Tabatznik und machte den ausgebufften Patentjäger zum Chef einer Nachahmergruppe.
Sehr lange hielt es Tabatznik unter der Darmstädter Konzernknute nicht aus. Der Profikopist ist heute selbständiger Generikaunternehmer in England. Bei Merck hinterließ er ein ausbaufähiges Erbe. Merck Generics gehört ebenso wie Ratiopharm und Hexal zu den erfolgreichsten Imitatoren der Welt.

Jeder gegen jeden

Die meisten internationalen Generikahersteller sind Kapitalgesellschaften. An ihrer Spitze stehen selbstbewusste und fintenreiche Manager. »Es ist mir nicht wichtig, ob ich Tabletten, Pillen oder Kapseln mache. Es ist mir wichtig, dass ich Geld verdiene«, großmault Bruce Downey, ein gerissener Anwalt und Chef des Generikaherstellers Barr Pharmaceuticals. Die Firma aus Pomona in den USA gehört zu den besonders angriffslustigen Kopisten.
Downey eroberte die Schlagzeilen der Weltpresse, als er im

August 2000 das Patent des Blockbusters Prozac gegen Depressionen vorzeitig und unerwartet vor Gericht zu Fall brachte. Die Pharmawelt hielt den Atem an. Innerhalb von 24 Stunden stürzte der Börsenwert des Prozac-Herstellers Eli Lilly um die unglaubliche Größenordnung von 36 Milliarden Dollar ab. Die Aktionäre hatten vorausgeahnt, was sich in den folgenden Monaten tatsächlich so abspielte. Der Preis des Antidepressivums verfiel um 70 Prozent.

Downey lässt sich wegen solcher Erfolge gerne als »Anwalt der Konsumenten« feiern. »Seine eigenen Interessen und die von Barr stehen aber immer im Vordergrund«, notiert das US-Wirtschaftsmagazin *Business Week*.

Wenn Generikaunternehmer heute in der öffentlichen Meinung ungewöhnlich positiv abschneiden, dann liegt es an ihrem PR-Geschick, sich gut zu verkaufen. Herstellung und Vertrieb preiswerter Medikamente machten sie aber nicht automatisch zu gemeinwohlorientierten Gutmenschen. Billigmedizin ist ihr Geschäftsmodell. Profitgierig sind sie gleichwohl. Man denke an die Provisionszahlungen des Generikaherstellers Sandoz an Arztnetzwerke.

Im Kampf jeder gegen jeden versuchen die Generikahersteller, nicht nur die Originalanbieter zu schlagen. Sie bekriegen sich untereinander: Auge um Auge, Zahn um Zahn, Nachahmer um Nachahmer. Im anfangs geschilderten Omeprazolstreit war es nicht anders. Ende Juni 2004 überwies Schwarz-Schütte 50 Millionen Dollar an Mylan und Esteve, um die Streitereien zu beenden. Geld ist geflossen, nun ist erstmal Ruhe.

Eine Parallele zum Einzelhandel drängt sich auf. Jeder Konsument profitiert davon, dass es Discounter gibt. Aldi und Lidl haben sich aber nicht durch soziale Beschäftigungsmodelle hervorgetan, sondern durch Preisschlachten und Knebelver-

träge. Sie haben sich mit innovativen Konzepten und rüden Geschäftsmethoden vorgearbeitet. Tante Emma blieb auf der Strecke.
In der Nachahmerbranche ist es ähnlich. Die Generikahersteller wollen nicht nett zu den Patienten sein. Sie wollen erfolgreich sein. In ihrem Gewerbe herrscht Darwinismus pur. Nur die Besten und Hartgesottensten kommen durch. Wer preiswerte Nachahmermedikamente kauft, sollte wissen, dass die niedrigen Preise Errungenschaften von Juristen sind. Nicht von Philantropen.
Die Kopisten warten keineswegs geduldig ab, bis ein Patent abgelaufen ist. Sie durchlöchern es, sobald sie können. Patentverletzungsklagen sind heute etwas ganz Normales. Ian C. Sanderson, Direktor beim bekannten Finanzanalysten SG Cowen in Boston, kennt sich aus. Er sagt: »Patente werden in den wissenschaftlichen Labors erarbeitet, aber ihre Werthaltigkeit wird in den Gerichtshöfen entschieden.«

Treibjagd

Es herrscht eine Art Bürgerkrieg zwischen den verfeindeten Lagern. Beide Seiten werfen sich Schikane und unfairen Wettbewerb vor.
»Ihr tötet die Gans, die euch die goldenen Eier legt«, ruft der bekannte US-Anwalt Michael S. Langan im Gerichtssaal seinem Dauergegner Brian Moriarty entgegen, der auf die Verteidigung von Generikaherstellern spezialisiert ist. Die Starjuristen treffen bei den meisten großen Patentprozessen in den Vereinigten Staaten aufeinander. Vor kurzem bat Moriarty

einen Fotografen, einen Schnappschuss zu machen, wie er Langan freundschaftlich die Hand schüttelt. Es soll als Beweisstück dienen: Wir sind immer noch Menschen. Im Gerichtssaal gehen Langan und Moriarty wie Kampfhähne miteinander um.
Die Materie ist äußerst kompliziert. Also kann keine Seite wirklich sicher sein, dass derjenige, der Recht hat, zum Schluss auch Recht behält.
Nach der Statistik gewinnen die Generikahersteller in dreiundsiebzig von einhundert Prozessen gegen die Originalanbieter. »Man muss die Richter überzeugen können, dass die Innovation wirklich den Schutz wert ist, sonst hat man schon verloren«, meint Langan.

Der neue Trend: Biosimilars

Die Nachahmerprodukte, die bis Ende 2005 von den Ärzten verschrieben wurden, sind Kopien chemisch hergestellter Wirkstoffe. Sie können zu Tabletten oder Tropfen verarbeitet werden, die leicht einzunehmen sind. Vom schmerzsenkenden Wirkstoff ASS des Aspirin bis zu den gebräuchlichen Blutdruck- oder Cholesterinsenkern: alles ist Chemie.

Seit einigen Jahren werden neben den chemischen auch biotechnologisch hergestellte Medikamente entwickelt. Es handelt sich dabei um Proteine. Ihre Moleküle sind viel größer und komplexer und die Produktionsprozesse sind sehr kompliziert. Gentechnisch hergestellte Wirkstoffe können nach heutigem Stand der Technik nicht zu Tabletten gepresst werden. Der Patient muss sich das jeweilige Mittel spritzen. Ein gentechnisch hergestelltes Medikament ist zum Beispiel das Insulin für Diabetiker.

Die Nachahmerprodukte von Proteinen nennen Fachleute nicht einfach Generika, sondern »Biosimilars«. Es gibt auch noch andere Begriffe wie Biogenerics oder generic biopharmaceuticals – aber der Begriff Biosimilars hat sich allgemein durchgesetzt. Für die Zulassung der Kopien ist der Nachweis »charakteristischer Moleküleigenschaften« zu erbringen. Dazu müssen die Generikahersteller für gentechnisch hergestellte Medikamente eigene, allerdings verkürzte klinische Tests durchführen. Die finanziellen Vorleistungen sind trotzdem viel höher als bei chemischen Generika, bei denen die Überprüfung nicht verlangt wird.

Das erste Biosimilar, das 2006 in Europa zugelassen wird, ist Omnitrope von Novartis/Sandoz. Es ist die gentechnische Kopie des menschlichen Wachstumshormons und enthält den gleichen Wirkstoff wie Genotropin des US-Herstellers Pfizer. Das Mittel ist seit Ende der achtziger Jahre auf dem Markt. Die amerikanische Zulassungsbehörde FDA ist noch strenger bei der Prüfung von Biosimilars als die europäische EMEA. Die US-Originalanbieter scheuen keine Kosten, um mit Hilfe von Anwälten auf die FDA Druck auszuüben und die Zulassung der Kopien möglichst lange hinauszuzögern. Deshalb gibt es Omnitrope zuerst in Europa.

Ärzte, Patienten und Gesundheitspolitiker warten jedoch dringend auf die preiswerteren Alternativen. Gentechnisch hergestellte Medikamente gehören zu den besonders teuren Präparaten. In den nächsten drei Jahren werden Arzneien aus großen Molekülen mit einem Umsatz von 10 Milliarden Dollar den Patentschutz verlieren.

Nach dem Wachstumshormon ist der Wirkstoff Erythropoietin (Epo) der heißeste Biosimilar-Zulassungskandidat. Er erspart anämischen Nierenkranken die riskante Blutübertragung. Wissenschaftler des kalifornischen Biotechunternehmens Amgen haben den Wirkstoff entwickelt. Die ersten Patente sind Ende 2005/Anfang 2006 abgelaufen. Epo ist ein Wirkstoff, auf den viele Menschen angewiesen sind. Der weltweite Umsatz liegt bei 11 Milliarden Dollar im Jahr. Die breite Öffentlichkeit kennt Epo als beliebtes Dopingmittel der Radprofis und Skandalthema der Tour de France.

Die deutschen Krankenkassen geben im Jahr 282 Millionen Euro für 792 000 Packungen mit dem Wachstumsfaktor für rote Blutzellen aus. Die ersten Epo-Biosimilars auf dem deutschen Markt werden Anfang 2007 erwartet.

Die Dramaturgie des Zweikampfs hat mitunter halbmafiöse Züge. Der Nachahmer, der gewonnen hat, kann zwischen zwei Möglichkeiten wählen. Entweder er bringt das Generikum auf den Markt, oder er verhandelt mit dem Hersteller des Originalpräparats ein Stillhalteabkommen aus. Meistens ist Lösung Nummer zwei das einträglichere Geschäft. Gegen die Zahlungen von einigen Millionen Euro oder Dollar verzichtet er darauf, das zugelassene Nachahmerpräparat umgehend den

Patienten anzubieten, sondern verschiebt die Markteinführung um einige Wochen und verdient dabei sehr gut.
Wählt der Nachahmer jedoch die erste Alternative und bringt er seine Kopie sofort in die Apotheken, verkauft er sie dort nicht billigst, sondern bestens – solange er kann.
Die Dumpingpreisschlachten finden erst statt, wenn die gesamte Generikameute im Besitz einer Zulassung für denselben Wirkstoff ist. Dann schießen sich die Konkurrenten mit gnadenlosen Preisattacken gegenseitig aus dem Rennen.
In Deutschland sind die Generikapreise um rund ein Drittel höher als in Amerika, weil bei uns die Konkurrenz unter den Nachahmern nicht so gnadenlos ist wie in den USA. Die neue deutsche Festbetragsregelung für oft verschriebene Arzneimittel vom 1. Januar 2005 ist für die Generikahersteller ein wunderbares Preisstabilisierungsprogramm (siehe »Synchron sparen«, S. 184). Die Interessenvertretung ProGenerika lobte in einer Pressemitteilung verdächtig überschwenglich die Entscheidung der Gesundheitspolitiker.

Gelehrige Schüler

Die Tante-Emma-Generika-Buden, die es anfangs gab, konnten die Rabattschlachten finanziell nicht durchhalten und verschwinden von der Bildfläche. Die börsennotierten Kopisten fusionieren, globalisieren, fokussieren.
Das cleverste Manöver der Nachahmerbranche ist die Erfindung der »Branded Generics«. Das sind Medikamentenkopien mit einem Zusatznutzen: eine Tablette, die sich leichter schlucken lässt; ein Pflaster, das den Wirkstoff sanft in die Haut transportiert; eine Kapsel mit niedriger Dosierung. Die

großen deutschen Hersteller Hexal, Merck, Ratiopharm und Stada sind bei dieser Geschäftsstrategie ganz vorn mit dabei. Branded Generics entziehen sich dem direkten Vergleich mit Konkurrenzprodukten. Die Unternehmen können beim Preis kräftiger zulangen. Die Nachahmer übernehmen so die Geschäftsstrategien der Originalhersteller eins zu eins.
Wenn möglich, bitte teuer.

6 Preise – Wieviel darf Gesundheit kosten?

Siegfried Müller steht seit 39 Jahren ab 8 Uhr morgens in seiner Apotheke in Leonberg bei Stuttgart. Viel Spaß macht die Lebensaufgabe nicht mehr. Stimmungsverdüsternd wirken Bürokratismus und sinkende Einnahmen. Der wissenschaftliche Kick ist versiegt und innovative Medikamente kennt der studierte Pharmazeut nur noch vom Hörensagen. »Die teuren Arzneimittel«, klagt der schwäbische Apotheker resignierend, »werden in meinem Einzugsgebiet nicht mehr verschrieben. Wir leben in einer veränderten Welt.«

Der Geiz-ist-geil-Feldzug der deutschen Gesundheitspolitiker zeigt Wirkung. Die Ärzte in der Bundesrepublik verordnen moderne, hochpreisige Medikamente seltener als Mediziner in anderen westlichen Pharmamärkten und in Japan. Mit 9 Prozent Novitäten am Gesamtverschreibungsvolumen in Höhe von rund 24 Milliarden Euro ist die Bundesrepublik das Innovations-Schlusslicht Europas. Trotzdem sagen vier von fünf Deutschen: »Medikamente sind viel zu teuer.« Lediglich die Benzinpreise an den Zapfsäulen erzürnen die Bundesbürger mehr als der Einkauf in der Apotheke. Doch das kann sich bald ändern.

Wer soll das bezahlen?

In der aufgeheizten Debatte sind drei verschiedene Preise unbedingt auseinander zu halten. Über jeden einzelnen gibt es heiße Diskussionen.

- Der Preis, den das Pharmaunternehmen für sein Medikament verlangt.
- Der Preis, den das Pharmaunternehmen tatsächlich bekommt (Herstellerabgabepreis).
- Der Preis, den der Patient oder seine Kasse in der Apotheke bezahlen muss.

Umfragen bestätigen immer wieder, dass Patienten keine Ahnung haben, wie diese Pharmapreise zustande kommen. Wie sollten sie auch? In allen Ländern gibt es darüber die unterschiedlichsten Vorstellungen. Überall mischen sich die Politiker dirigistisch ins Marktgeschehen ein. Heraus kommt ein schwer durchschaubares Geflecht.
Doch bevor die Gesundheitspolitiker am Zuge sind, trifft erst einmal die Pharmafirma ihre Entscheidung, wieviel sie für ein Medikament verlangt.

Bunte Mischung

Trotz Sonntagsreden ist der gemeinsame Europäische Pharmamarkt ein Wunschtraum. Die Zusammensetzung von Konfitüren, die Grenzwerte für die Reinhaltung der Luft und die Abmessungen für Schrauben sind einheitlich, aber die Preise für Antibiotika, Herztropfen und Schmerzmittel variieren von Land zu Land.

Für die europäischen Länder ist das Gesundheitswesen eine nationale Angelegenheit. Ihr Recht, Pharmapreise festzusetzen, haben sie an verschiedene Fachkommissionen delegiert. In Deutschland ist es der »Gemeinsame Bundesausschuss«, ein Gremium aus Kassenfunktionären ohne Vertreter der Pharmaindustrie. In der Schweiz trifft die Entscheidungen die »Eidgenössische Arzneimittelkommission« mit 24 Interessenvertretern aus Versicherungen, Wissenschaft und Pharmaindustrie. In den anderen Ländern sind die Kommissionen wieder anders zusammengesetzt.
Alle Gremien haben verschiedene Vorstellungen über den idealen Preis und greifen unterschiedlich tief in den Instrumentenkasten von Regulierungen, Rabatten und Steuersätzen. Außerdem gewichten die einzelnen Länder die eigenen Pharmapreise mit einem bunten Potpourri aus Vergleichspreisen der Nachbarstaaten. Ein niedriger Pharmapreis in Deutschland senkt dadurch das Preisniveau in ganz Europa ab.
Die Iren richten sich nach einem Arzneimittelwarenkorb aus Dänemark, Frankreich, Deutschland und den Niederlanden. Die Niederlande nehmen wiederum die Preise in Belgien, Frankreich und England zum Maßstab. Die Schweiz mixt einen Durchschnittspreis aus Dänemark, Deutschland, den Niederlanden und England. Luxemburg wählt den niedrigsten Preis der Länder Belgien, Frankreich und Deutschland. Portugal sucht sich den niedrigsten Preis in Frankreich, Spanien oder Italien aus. Spanien richtet sich wiederum nach dem Durchschnittspreis aller EU-Staaten. Hinzu kommen unterschiedliche Steuersätze und Apothekenspannen.
Es herrscht das große Chaos. Deutsche Touristen ärgern

sich, wenn ihre Pillen in den Apotheken Portugals, Spaniens oder Kroatiens billiger sind als daheim.
Die großen Preisunterschiede innerhalb Europas sind das Geschäft der Re-Importeure. Sie decken sich mit Arzneimitteln im Niedrigpreisland ein und verkaufen ihre Ware auf den teuren Märkten. Die deutschen Apotheken sind sogar verpflichtet, einen festen Prozentsatz Importarzneimittel an ihre Kunden abzugeben.
Dieser offizielle und vom Bundesgesundheitsministerium ausdrücklich geförderte Grenzverkehr mit Medikamenten ist ein Arbeitsbeschaffungsprogramm für die Justiz bis hinauf zum Europäischen Gerichtshof. Die Pharmaunternehmen unterlaufen die Importe, indem sie an Billigländer nur so viel liefern, wie es dem Bedarf der jeweiligen Bevölkerung entspricht. Dagegen prozessieren die Re-Importeure. Sie sahnen wiederum beim Umpacken tüchtig ab. Jedes Arzneimittel muss mit einem deutschen Beipackzettel versehen werden. Die Originalhersteller sehen ihnen genau auf die Finger, ob alles seine Richtigkeit hat. Bei Beanstandungen sind sie mit einer Klage schnell bei der Hand.
Wie es aussieht, werden die Europäer wohl eher auf dem Mond spazierengehen, als zu erleben, dass dieselben Medikamente in Europa überall dasselbe kosten.

Nehmen, was sie kriegen können

Bei Nahrungsmitteln oder Textilien funktioniert die Kalkulation nach der üblichen Formel: Kosten des Produkts plus Gewinnspanne. Das ergibt den Preis für Butter, Brot, Jacke und Hose. Für Medikamente ist das Verfahren anders. Die Höhe

des Aufschlags richtet sich nach dem medizinischen Wert des Arzneimittels.
Der Pharmakonzern rechnet aus, was es kosten würde, den Kranken mit den bereits bekannten Präparaten zu behandeln. Dann werden die Vorteile, also der »Wert«, des neuen Arzneimittels taxiert. Ist seine Wirkung erheblich besser, genehmigt sich der Pharmakonzern ein happiges Sahnehäubchen auf den Preis der alten Therapie. Bei einem winzigen Innovationsschritt fällt der Gewinnzuschlag bescheidener aus.
Nehmen wir das bahnbrechende Krebsmittel Glivec. Es ist ein lebensrettendes Medikament bei einer besonderen Form von Leukämie und kommt aus dem Hause Novartis. Die Standardtherapie war das biotechnisch aufwendig hergestellte Präparat Roferon. Der Wirkstoff von Glivec ist im Vergleich dazu ein einfaches Molekül. Die Herstellungskosten sind niedriger, das heißt, Glivec könnte sogar billiger sein.
Doch das ist nicht Preis-entscheidend. Durch die Behandlung mit dem Novartis-Medikament muss die Krankenkasse weniger Geld für Klinikaufenthalte und Arztbesuche des Patienten ausgeben. Glivec ist außerdem sehr einfach anzuwenden: schlucken statt spritzen. Bei so vielen Vorteilen bekam Novartis-Chef Daniel Vasella 2001 seine 2200 Dollar Preisforderung für eine Monatsbehandlung mit Glivec weltweit von allen Behörden genehmigt.
Vasella hatte eine fabelhafte Verhandlungsposition. Ein lebensrettendes Medikament ist für die Betroffenen von schier unermesslichem Wert. Wer dem Sensenmann von der Schippe springen kann, verscherbelt Haus und Hof, um eine Medizin zu bezahlen.
Aber nicht jeder Kranke kann Immobilien verkaufen, und die finanziellen Möglichkeiten der Krankenkassen sind begrenzt. Es ist also sehr wichtig, wieviel Geld ein Pharmaunternehmen für

ein lebensverlängerndes Arzneimittel verlangt. Wo muss die Berechnung des Wertes aufhören und die Ethik anfangen? Hans-Peter Speck, Vorstand beim Pharmakonzern Sanofi-Aventis, stellt mit einem Anflug von Menschlichkeit fest: »Je dramatischer die Krankheit, desto angreifbarer die Preispolitik.«
Die konkrete Situation nutzen die Hersteller jedoch schamlos aus. Für ihre innovativen Krebsmedikamente verlangen alle Pharmakonzerne Preise, als spielten sie Monopoly.

- Erbitux zur Behandlung von Darmkrebs wird für den ersten Behandlungszyklus von sechs Wochen mit rund 7600 Euro berechnet.
- Die Initialdosis für das Brustkrebsmittel Herceptin von Roche kostet 795 Euro.
- Für eine 250-Milliliter-Packung des Brustkrebsmittels Faslodex von AstraZeneca berechnet die Apotheke 565 Euro. Die Spritzen reichen für vier Wochen.

»Vielversprechende Therapien sind eine Erleichterung für Patienten und Ärzte, aber ihre Preise sind eine Last«, beschrieb die amerikanische Wirtschaftszeitung *Wall Street Journal* die Kehrseite der Pharmazie des 21. Jahrhunderts.
»Es muss eine Lösung gefunden werden zwischen explodierenden Medikamentenkosten und der Möglichkeit, sie noch bezahlen zu können«, sorgt sich das amerikanische Magazin *Business Week*.
Das Geschäft blüht für den Hersteller wie ein Tausendgüldenkraut, wenn ein Medikamente ein Leben lang geschluckt oder gespritzt werden muss. Heute kostet bei uns die Vierteljahrespackung Glivec 34 859 Euro. Ein Patient, der Glivec dreißig Jahre lang bis zu seinem Tod einnimmt, hat bei Novartis für die sagenhafte Summe von 4,2 Millionen Euro eingekauft.

Die Rechnung ist nicht ganz seriös. Während dieser dreißig Jahre werden neue Wirkstoffe und Generika auf den Markt kommen und dem Novartis-Produkt Konkurrenz machen. Doch gegenwärtig ist Glivec ein hochrentabler Blockbuster mit vielen lebenslangen Kunden und 2,2 Milliarden Dollar Umsatz.
Vasella hatte den hohen Preis auch mit der kleinen Patientengruppe begründet, die für die Behandlung in Frage kommt. Jetzt gehört das Spezialpräparat zu den Top-Sellern der Branche.

Zerrüttete Verhältnisse

Mit solchen Summen für einzelne Medikamente nimmt das Ausgabendrama der Krankenkassen seinen Lauf. Gesetze und Verordnungen vermögen ein Arzneimittel, das mit 1000 Euro angesetzt ist, vielleicht auf 800 oder sogar 700 Euro herunterzuschleusen. Aber nicht auf 500 oder 400.
Die Krankenkassen können eine Handvoll Patienten, deren Medikamentenkosten ein Vielfaches ihres Jahresbeitrags ausmachen, wohl verkraften. Weltweit werden zum Beispiel seit 1991 jährlich zehntausend Patienten mit Cerezyme gegen die seltene Fettstoffwechselkrankheit Morbus Gaucher versorgt. Es ist das teuerste Medikament der Welt und kostet in Deutschland 180 000 bis 550 000 Euro pro Patient und pro Jahr. Die Dosierung und damit der Preis hängen vom Körpergewicht ab. Die deutschen Krankenkassen bezahlen diese Summen für immerhin dreihundert Gaucher-Patienten, darunter viele Kinder.
Cerezyme hat keine Alleinstellung mehr. Es sind zwei Dutzend extrem teure Medikamente auf dem Markt. Bluterkranken, Hepatitis-Patienten, Menschen mit Parkinson oder mit

Multipler Sklerose kann das Leben durch Arzneimittel im Gegenwert von vielen tausend Euro im Jahr erleichtert werden. Hundert Top-Preis-Innovationen stehen vor der Zulassung. Der Ausgabenstress der Krankenkassen spitzt sich dramatisch zu. Steigt das Angebot, sind staatlich verordnete Streichorgien bei den Preisen nahezu wirkungslos. Dann hilft nur noch die harte Tour: Rationierung. Die Kassenfunktionäre in vielen Ländern teilen bereits zu. Sie gehen dabei so lautlos vor wie möglich.

Eine Jahresdosis des HIV-Mittels Fuzeon kostet 32 000 Euro. Als Hersteller Roche den Preis bekanntgab, reagierten Kassen und Aids-Organisationen mit Entsetzen. Fuzeon ist die letzte Hoffnung für Aids-Patienten, welche auf andere Medikamente nicht mehr ansprechen. Die ARD meldete die erlösende Nachricht von der Zulassung in Europa am 28. Mai 2003 in der Tagesschau. Doch der Absatz hinkt hinter den Prognosen her, und die Krankenkassen mauern, wo sie können.

Im Griff der Helfer

Die Preise für Aids-Medikamente sind eines der unrühmlichsten Kapitel in der Geschichte der Pharmaindustrie. Das Geschacher um die HIV-Mittel für das südliche Afrika bestärkte weltweit die Menschen in ihrem (Vor-)Urteil, dass Pharmamanager kalte oder unfähige, aber auf jeden Fall geldgierige Abkassierer sind.

»Wenn man das Drehbuch für ein Melodram mit einem Schurken schreiben müsste, könnte niemandem ein besserer Stoff einfallen als die Pharmaindustrie in den neunziger Jahren im Umgang mit dem Thema Aids«, schreibt der Publizist

Fran Hawthorne in seiner Firmenbiographie des US-Konzerns Merck. Hawthorne zitiert den damaligen Merck-Chef Roy Vagelos: »Die HIV-Story ist für uns wenig schmeichelhaft. Hätten wir mit unseren Discountpreisen und Gratislieferungen doch früher angefangen.«

Big Pharma zeichnete in den neunziger Jahren seine Aids-Medikamente in Afrika mit Preisen aus, als wäre der Kontinent eine kaufkräftige Stadt wie San Francisco oder wie Berlin. Der Aids-Cocktail HAART (highly active anti-retroviral therapy) besteht aus mehreren Medikamenten. Für eine Jahresbehandlung mussten HIV-Infizierte in Johannesburg oder Nairobi 10 000 Dollar aufbringen. Sie verdienten im Jahr vielleicht nur 400 Dollar. Später räumten die Hersteller Rabatte ein – viel zu zögerlich, viel zu mickrig. Als hätten sie es darauf angelegt, sich ein hässliches Image zuzulegen.

Der Skandal erreichte seinen Höhepunkt, als der südafrikanische Ministerpräsident Nelson Mandela Anfang 2001 die Unternehmen beschuldigte, Profit über Menschenleben zu stellen. Die Welthandelsorganisation erlaubte wenige Monate später den armen Staaten, Nachahmerprodukte gegen Aids selbst zu produzieren oder in anderen Ländern einzukaufen. Die Preise purzelten. Heute kostet die Behandlung mit einem Aids-Generika-Cocktail circa 300 Dollar.

Die wachsende Empörung der Weltöffentlichkeit war ein Alarmzeichen für Big Pharma. Es dämmerte in den Köpfen der Vorstände, dass ihnen das Heft des Handelns entglitt. Sie senkten ihre Preise bis zu den Selbstkosten und verschenkten viele Lieferungen. Zu diesem Zeitpunkt war das Urteil über sie jedoch schon pauschal gefällt, und es lautete: schuldig.

Heute leben sechsundvierzig Millionen HIV-Infizierte auf der Welt und ihre Zahl steigt rasant. Die Vereinten Nationen haben 2002 ein langfristiges Hilfsprogramm gestartet, an dessen Finanzierung sich Regierungen, Organisationen, die Bill-und-Melinda-Gates-Stiftung des Gründers von Microsoft und die Arzneimittelhersteller beteiligen.

Warum waren die Pharmamanager lange Zeit so verblendet? Warum fehlten ihnen die Antennen, dass sie sich angesichts vieler Millionen Toter ins Unrecht setzten? Die Beantwortung dieser Fragen wirft ein charakteristisches Licht auf das Denken in den Topetagen der Medizinindustrie.

Die Krämerseelen sorgten sich, halb verschenkte Aids-Cocktails könnten den Weg zurück nach Europa und Amerika nehmen und dort in den Handel kommen. Sie fürchteten außerdem den Sog der Discountmedizin auf Patienten, die in reichen Ländern wie Amerika, Kanada, Deutschland oder der Schweiz unter der Armutsgrenze leben und mit argumentativem Geschick ebenfalls niedrige Preise verlangen könnten.

Sie fürchteten schließlich die Kopien patentgeschützter Aids-Medikamente durch indische Generikahersteller. So etwas sollte nicht Schule machen. Buchautor Hawthorne: »Sie hatten furchtbare Angst, das weltweite Patentschutzabkommen könnte rissig werden. Die Sorge war nicht ganz unbegründet. Was aber den Pharmaherstellern völlig abging, war das Gespür für den Katastrophenfall.« In den wohltemperierten Vorstandsbüros war die Not der Straße zu weit weg.

Nach diesem Drama wird es für die Pharmakonzerne nie wieder so schön, wie es früher war. Die Stimmung hat sich zu ihren Ungunsten verändert. In Indien sind krebskranke Patienten gegen den hohen Preis und die Monopolstellung von Glivec vor Gericht gezogen. Yogendra Sapru, Chef der Indischen Krebsgesellschaft, klagt an, seinen Landsleuten würde durch den hohen Preis das »Recht auf Leben« verweigert.

Auf den großen Medikamentenmärkten Europa, Japan und USA brodelt es ebenfalls. Einige Konzerne stellen ihren kranken Kunden inzwischen als kostenlosen Service Finanzberater an die Seite. Sie sollen ihnen behilflich sein, Geldgeber für Hochpreispräparate zu finden.
Internationale Unterstützungsprogramme finanzieren lebensrettende Produkte für mittellose Patienten ohne Versicherung. Die Krankenkassen, die das Geld über Beiträge bei ihren Mitgliedern einsammeln müssen, sitzen aber in der Patsche. Sie blicken ratlos in die Zukunft.

Diskussionen, die weh tun

Die Pharmakonzerne kennen natürlich die Prosa der Verhältnisse. Sie geben viel Geld für Studien aus, die nachweisen, dass ein teures Medikament für ein Gesundheitssystem die billigste Lösung ist. Sie erstellen Zahlenkolonnen, wieviel Arztbesuche, Operationen oder aufwendige Kuren durch eine Arzneimittelbehandlung wegfallen können. Über die Seriosität solcher Berechnungen lassen sich Diskurse in feuilletonistischen Umfängen und mit kontroversen Ergebnissen führen. Und die Themen sind hoch sensibel.
Am wirtschaftlichsten für das Gesundheitssystem und die Volkswirtschaft ist der Patiententod zum richtigen Zeitpunkt. Wenn die Menschen durch ein Medikament länger leben, bekommen sie mehr Krankheiten. Das kostet Geld. Wenn sie zu früh sterben, gehen der Wirtschaft Arbeitskräfte und Beitragszahler verloren. So rechnen Ökonomen in ihren Modellen.
Die Preis-Nutzen-Debatte ist in anderen Ländern kein Schattenboxen wie in Deutschland. In England wird die Diskussion

seit 1998 offensiv vom »National Institute for Clinical Excellence« (NICE) geführt. Das Institut hat die Aufgabe, das Problem einer alternden Bevölkerung mit steigendem Medikamentenbedarf sachlich zu lösen. NICE stellt emotionslos den Zuwachs an Volksgesundheit dem Zuwachs an Kosten gegenüber.

Sparen und Rationieren sind nach englischer Auffassung weder zynisch noch inhuman. Die Briten legen allerdings Wert darauf, dass über Leben und Tod, über Schmerz und Leid nicht individuell und personenbezogen, sondern an Hand von allgemeinen Statistiken beraten wird.

Wie aber wird Volksgesundheit gemessen? Die entscheidende Kennziffer ist ein »Quali«. Das ist ein zusätzliches, »qualitätsangepasstes« Lebensjahr. Die Abgrenzung zwischen lebenswert und Verlängerung von Leidenszeit bringt die Gesundheitsökonomen oft zur Verzweiflung. Die Beurteilung, ob das Lebensjahr eines alten Menschen gleich starkes Gewicht hat wie das eines Jugendlichen, trauen sich die Verantwortlichen von NICE nicht mehr allein zu. Ein unabhängiger Bürgerrat (Citizens' Council) führt die Wertediskussion.

Als NICE gegründet wurde, sagten die Pharmahersteller das Ende ihrer Zunft voraus. Heute hat England als Pharmastandort einen hervorragenden Ruf. Die Kosten-Nutzen-Diskussion hat die Branche nicht beschädigt. Im Gegenteil. »Das NICE ist unser größter Exportschlager seit Shakespeare, Newton, den Beatles und Harry Potter«, zog der Herausgeber des *British Medical Journal* einen exotischen, aber äußerst schmeichelhaften Vergleich.

Seit September 2004 hat Deutschland auch ein NICE. Es ist das bereits erwähnte »Institut für Qualität und Wirtschaftlichkeit im Gesundheitswesen«. Der Gründungsleiter Peter Sawikki ist jetzt der mächtigste Mediziner der Republik. Der Nonkomformist strotzt vor Selbstbewusstsein und Kampfeslust.
Sawicki war vorher Chefarzt des Kölner St.-Franziskus-Hospitals und Mitherausgeber des pharmakritischen *arzneitelegramm*. Der frisch-frech geschriebene Informationsdienst gehört bei rebellischen Ärzten und Apothekern zur Pflichtlektüre. Der Professor ist auch der Gründer des Kölner Instituts für evidenzbasierte Medizin. Eine publikumswirksame Recherche des Instituts war die Analyse des Werbematerials der Pharmakonzerne. Als sich Sawicki vor dem Gesundheitsausschuss des Bundestages vorstellte, fing der Professor den ersten Streit mit den Medikamentenherstellern an. Er versprach, »die Ärzte aus der Umarmung der Pharmaindustrie zu befreien«. Um lockere Sprüche ist Sawicki auch sonst nicht verlegen. Den Krankenkassen riet er, lieber in Pflegeheime zu investieren, als Geld für wirkungslose Alzheimer-Präparate auszugeben.
Das Arbeitsprogramm des Instituts befasst sich zum Warmlaufen mit Pharma light. Auf Sawickis Abschussliste stehen zunächst »Me-too-Produkte« oder »Analogpräparate«. Das sind Arzneimittel, die sich von ihrer chemischen Struktur her von einem schon zugelassenen Medikament unwesentlich unterscheiden. Sie sind besser verträglich, leichter einzunehmen oder haben geringere Nebenwirkungen. Dafür kosten sie eine Stange mehr. Jeden Tag, meinen kritische Pharmakologen, entzögen die Arzneimittelhersteller durch Me-too-Produkte dem Gesundheitssystem viele tausend Euro.
Die Pharmamanager kontern, ohne viele kleine Schritte

würden Innovationssprünge immer schwieriger, immer seltener. Daher kommt der Ausdruck »Schrittinnovation«. Dieses kontroverse Thema wird in Deutschland noch viele Streitrunden beherrschen.

Die Vorschläge des Qualitätsinstituts sind keine direkten Handlungsanweisungen an die Krankenkassen. Sawicki liefert seine Dossiers dem ebenfalls neu eingerichteten »Gemeinsamen Bundesausschuss« ab. Hier sitzen Vertreter der Krankenkassen, Ärztefunktionäre und als Beobachter auch Patientenvertreter beisammen. Dieses Gremium entscheidet, welche von Sawickis Empfehlungen angenommen und welche abgelehnt werden. Die positiv beurteilten Medikamente und Leistungen werden von den Krankenkassen erstattet.

Es lässt sich erst nach einigen Probeläufen sagen, ob die neuen Institutionen das deutsche Gesundheitswesen durchrütteln und die Pharmaindustrie mit guten Argumenten das Fürchten lehren. Oder ob sie wie plumpe Rasenmäher alles, was ihnen in den Weg kommt, einfach abschneiden.

Gerd Glaeske, Professor in Bremen und Mitglied des Sachverständigenrats für die Konzertierte Aktion im Gesundheitswesen, glaubt an die Segnungen des Instituts. Glaeske: »Für die guten Arzneimittel ist die Beurteilung durch das Institut ein Adelsprädikat, für die schlechten eine Barriere.«

Unmut angestaut

Das einzige Land, wo die Pharmaindustrie noch nicht durch Sparkommissare oder Qualitätsinstitute gezügelt wird, sind die Vereinigten Staaten.

Die Arzneimittelproduzenten dürfen in den USA im Gegensatz

zu Europa und Japan verlangen, was sie wollen. Große Organisationen und Interessengruppen handeln aber Sonderkonditionen aus. Die Freiheit ist für die Hersteller also nicht mehr grenzenlos. Die Arzneimittelpreise liegen trotzdem 30 bis 60 Prozent höher als in Deutschland.

Die US-Bürger haben die hohen Pharmapreise in ihrem Land jahrelang akzeptiert. Erst jetzt reisen die Amerikaner in Scharen über die Grenze nach Kanada, wo Medikamente billiger sind. Oder sie bestellen ihre Arzneien direkt in kanadischen Internet-Apotheken. Diese Importe sind ein brisantes und hochpolitisches Thema.

Fünfundvierzig Millionen Menschen in den USA sind nicht krankenversichert. Amerikanische Familien haben erhebliche Schwierigkeiten, ihre Rechnungen für ihre Gesunderhaltung zu begleichen. Ein Drittel verzichtet regelmäßig auf ein Medikament oder verschiebt den Besuch beim Arzt.

Die Gouverneure der nördlichen Bundesstaaten machen sich unabhängig von der Parteibuchzugehörigkeit zu Verbündeten dieser Patienten. Sie appellieren an den Senat, die Legalisierung von Arzneimittel-Importen aus Kanada sei kein »Partisanenkampf«. Die Kranken stünden vor der Wahl »Gemüse oder Arznei«.

Der Trost, dass die USA als Folge der freien Preisbildung die stärkste Pharmaindustrie und die beste Forschung der Welt haben, ist den Amerikanern gleichgültig wie die Taube auf dem Dach. Sie wollen den Spatz in der Hand haben.

Das Preisthema könnte sogar zu einem Wirtschaftskrieg zwischen Europa und den USA ausarten. Die US-Pharmabosse übernehmen hierbei die Rolle eines Ombudsmanns. Auf dem Weltwirtschaftsforum in Davos im Februar 2004 hatten die Manager aus Amerika ein Gutachten der Unternehmensberatung Bain & Company im Gepäck. Die Berater rechneten darin den Europäern vor, dass sie bei modernen Arzneimitteln die Kostgänger der Amerikaner sind. Das müsse sich ändern. Schleunigst.

Ein Verteilungskampf zwischen Europa und den USA über die Lastenverteilung des pharmazeutischen Fortschritts steht uns bevor. Die bisherigen Diskussionen über die Pharmapreise waren ein leises Säuseln gegenüber dem zu erwartenden Sturm.

7 Impfungen – Gewehre oder Gesundheit

Die Aktiengesellschaft Bavarian Nordic aus Martinsried bei München ist unter Börsianern, Stabsoffizieren und Ministerialbeamten eine hochgeschätzte Adresse. Die Anleger haben mit den Aktien grandios verdient. Offiziere und Beamte sind die Kunden. Bavarian Nordic verkauft Pockenimpfstoffe an Regierungen und Militärs.
Das Produkt der Biotechfirma könnte in einem James-Bond-Film als Lebensretter des Agenten eine Hauptrolle spielen. Leider taugt es auch für einen Dokumentarfilm. Menschen, die sich mit dem Pockenvirus infizieren, sind Todeskandidaten. Der einzig mögliche Schutz ist die vorbeugende Impfung, die Prophylaxe.
Vordergründig wirkt das Thema zugegebenermaßen etwas skurril. Es gibt keine Pocken mehr. Die Weltgesundheitsorganisation (WHO) erklärte die Seuche 1980 für ausgerottet. Reste des Pockenerregers mit dem hübsch klingenden Namen Variola lagern in einem Hochsicherheitstrakt in den USA und in einem zweiten Hochsicherheitstrakt in Russland.
Ehe die gefährliche Variola in Einzelhaft genommen wurde, hatten verschiedene Wissenschaftler direkten Zugang zu dem Erreger. »Material«, so heißt es verharmlosend, könnte bei dem Zusammenbruch der Sowjetunion in falsche Hände geraten sein. Es ist ein realistischer Alptraum, dass sich Terroristen oder vermeintliche Schurkenstaaten des infektiösen Pockenerregers bemächtigen und als Biowaffe ein-

setzen. Ein Drittel der Menschheit könnte ausgelöscht werden.

Ein solcher Anschlag träfe die Welt allerdings nicht völlig Impfstoff-nackt. Einzelne Produzenten mit alten Beständen räumten auf Wunsch einiger Regierungen ihre Gefrierschränke leer und verkauften die strategisch wichtige Ware mit langfristigem Verfallsdatum an öffentliche Auftraggeber. Bei diesen alten Impfstoffen sind die Nebenwirkungen allerdings hässlich bis tödlich.

Die englische Firma Acambis/Baxter und Bavarian Nordic entdeckten die Marktlücke. Seit mehreren Jahren basteln sie an einer sicheren Pockenvakzine. Wichtige klinische Prüfungen stehen noch aus. Trotzdem hagelt es seit 2002 Impfstoffaufträge von staatlicher Seite. Die Regierungen wollen sich bevorraten, um im Notfall exponierte Personen zu schützen wie Soldaten und Rettungskräfte. Die deutsche Bundesregierung und die Bundeswehr haben als nationale Reserve circa fünfunddreißig Millionen Portionen beziehungsweise Impfstoffdosen von Bavarian Nordic gebunkert. Privaten Krankenhäusern und Apotheken ist es streng verboten, nicht zugelassene Medikamente einzukaufen.

Der Umsatz von Bavarian Nordic kletterte von null im Jahr 2001 über 16 Millionen Euro 2002 auf 70 Millionen Euro 2004. Der Aktienkurs machte innerhalb von zwei Jahren einen Satz von 60 auf 450 dänische Kronen, das entspricht 8 bzw. 60 Euro. Das sind 650 Prozent Wertsteigerung. Rasanter geht es nicht. Die Heimatbörse von Bavarian Nordic ist Kopenhagen, da sich der Hauptsitz des Unternehmens im dänischen Kvistgard befindet.

Andreas Hartmann, seit April 2000 Direktor für Geschäftsentwicklung von Bavarian Nordic, genießt das Hochgefühl des Vielgefragten. In einer kleinen Firma mit wenig mehr als hundert Beschäftigten bringt die Sonderkonjunktur Säcke voll Arbeit und Säcke voll Spaß mit sich. Vom vielen Geld einmal abgesehen.

Der Molekularbiologe, Jahrgang 1956, ist allerdings mit jedem Prozent Umsatzwachstum und Bedeutungszuwachs des Unternehmens schweigsamer geworden. Die sensiblen Kunden verlangen uneingeschränkte Geheimhaltung. Hartmann: »Wir haben uns zu strengstem Stillschweigen verpflichtet. Über Auftraggeber, über Mengen und über Preise reden wir nicht.«

Gunst der Stunde

Die Suche nach dem optimalen Impfstoff geht indes weiter. Bavarian Nordic kam mit seiner Neuentwicklung MVA-BN (Imvamune) am besten voran und erhielt zur Belohnung im Sommer 2004 das US-Patent 6,761,893. Ende September bestellten die National Institutes of Health (NIH), die höchsten Gesundheitsautorität der Amerikaner, fünfhunderttausend Impfportionen für 100 Millionen Dollar und erteilte eine Option auf weitere zwei Millionen fünfhunderttausend Dosen zum Preis von 41 Millionen Dollar.

Um bei Großaufträgen lieferfähig zu sein, schlossen die dänisch-deutschen Impfstöffler einen Produktionsvertrag mit dem Branchenriesen GlaxoSmithKline. Der Zwang zur Vernunft führt mitunter die seltsamsten Paare zusammen. Der Goliath GlaxoSmithKline hat Glück gehabt, dass ihn der David Bavarian Nordic mit ins Boot nahm. Wieder einmal hat eine kleine Biotechfirma einem Riesen die Innovation gebracht.

Neider, die jahrelang hart für eine Zulassung arbeiten müssen, schimpfen Bavarian Nordic einen »Kriegsgewinnler«. Für

Hartmann ist das eine grobe Beleidigung. Die Firma entwickelt seit ihrer Gründung 1994/95 einen Impfstoff gegen Aids. Sie hat also auch andere Ziele. Doch ohne den 11. September 2001 und den Pockenimpfstoff wäre Bavarian Nordic an der Börse ein Hoffnungswert und keine Kursrakete.
Der Angriff auf das World Trade Center in New York und der Krieg im Irak haben die Politiker aufgescheucht. Sie mobilisieren die Wissenschaftler mit Dollarscheinen in der Hand für den Kampf gegen den Terrorismus. Der US-Senat verabschiedete 2004 ein 5,6 Milliarden Dollar schweres Subventionsprogramm. Das Zehnjahresprojekt trägt den Namen »BioShield«. Bavarian Nordic ist einer der Nutznießer.

Systemkritik

Lee Reichman, ein einflussreicher Professor aus New Jersey, ist das Sprachrohr prominenter Wissenschaftler, die sich über BioShield empören. Sie klagen an, dass 5,6 Milliarden Dollar aus öffentlichen Kassen zu Lasten der Bekämpfung der realen Menschenkiller wie Tuberkulose oder Malaria gehen werden. Die Gewichtung der Gefahren, so lauten ihre Vorhaltungen, sei unrealistisch, ja unmenschlich.
Zur Illustration addiert der Wissenschaftler die Todesfälle. SARS: 813, Ebola: 244, Anthrax: 5 und Pocken: 0. Das macht zusammen 1062. Dieser Summe stellt er die 14 Millionen Menschen gegenüber, die jedes Jahr an den Folgen von Tuberkulose, Malaria und Aids sterben.
Man wisse ja, argumentiert Reichman, dass in den letzten fünfundzwanzig Jahren 90 Prozent der weltweiten Ausgaben für Forschung und Entwicklung in die Bekämpfung von

Krankheiten investiert wurden, die nur 10 Prozent der Menschen zugute kommt. Das katastrophale Ungleichgewicht werde durch BioShield und die übertriebene Drohkulisse terroristischer Angriffe zementiert.
Das US-Magazin *Newsweek* zitiert Reichman mit den Worten: »Früher hieß die Formel Butter oder Gewehre. Heute heißt sie Gewehre oder Gesundheit.«

Kleiner Piks, große Wirkung

Die bedrohlichen Krankheiten, wie zum Beispiel die Kinderlähmung, gelten als nahezu ausgerottet. An Diphtherie, dem »Würgeengel der Kinder«, an Tetanus und Masern sterben weltweit pro Jahr nur noch wenige Menschen.
Das sind die Wohltaten breitflächiger Impfungen. Ihre Bedeutung nehmen die Menschen kaum zur Kenntnis; die Schrecken der Seuchen sind bei uns in Europa in Vergessenheit geraten. Doch jedes Jahr sterben weltweit mindestens 1,5 Millionen Kinder unter fünf Jahren an Krankheiten, die durch eine Impfung vermeidbar gewesen wären.

Breites Spektrum: 9 Milliarden Dollar beträgt der Jahresumsatz am Weltimpfstoffmarkt. Das sind nur 1,7 Prozent der Gesamtausgaben für Arzneimittel.
Impfstoffe für Kinder wie Masern, Mumps und Röteln, Diphtherie und Keuchhusten sind mit 4,5 Milliarden Dollar Umsatz die größte Sparte. *Hepatitis B und Grippeimpfungen* erreichen jeweils rund 2,5 Milliarden Dollar. *Reiseimpfungen* mit Hepatitis A, Typhus, Cholera, Gelbfieber machen 800 Millionen Dollar aus. Der Rest verteilt sich auf kleinere Impfstoffe.

Das Geschäft floriert. 13 Prozent Marktwachstum pro Jahr prognostizieren die Experten bis 2010. Die Reisetätigkeit steigt, die staatlichen Impfempfehlungen für Kinder und Erwachsene nehmen zu, neue Krankheiten wie SARS und die exotische Vogelgrippe sensibilisieren die Menschen. Die Forscher arbeiten an Impfstoffen gegen Hirnhautentzündung und Durchfallerkrankungen, die durch Viren ausgelöst werden.
Neben Impfstoffen zur Vorbeugung entwickeln die Pharmazeuten therapeutische Vakzine. Diese neue Klasse Impfstoffe hat die Aufgabe, das Immunsystem eines Kranken zu Höchstleistungen anzustacheln, um Krebs oder Aids zu besiegen. An einem HIV-Schutz arbeiten die Wissenschafter seit zwanzig Jahren.

Kleine Truppe: Wenn sich die großen Impfstoffhersteller der Welt treffen, genügt ein Vierertisch. Die Konzerne Sanofi-Aventis, GlaxoSmithKline, Merck und Wyeth liefern 84 Prozent aller Impfampullen. Es gibt außerdem tüchtige Spezialisten. Sie heißen Acambis/Baxter, Berna Biotech, Chiron und Powderject.
Eine solche Viererbande ist nach der Definition der Volkswirte ein Oligopol. Die Mitglieder verhalten sich solidarisch und sorgen durch ihr abgestimmtes Vorgehen für hohe Produktpreise. Der Fernreisende, der eine Hepatitis-C- und vielleicht eine Gelbfieberimpfung braucht, kann ein Lied davon singen. Gegen Hepatits C muss zweimal gespritzt werden. Jede Impfung kostet 53 Euro; die Hilfe gegen Gelbfieber 38 Euro.
Der weitaus größte Teil der Impfstoffe geht an supranationale Organisationen wie das Kinderhilfswerk UNICEF und die WHO (World Health Organisation). Hier werden

Kontrakte oder Tender zu riesigen Mengen und niedrigen Preisen ausgeschrieben. Eine Polioimpfung kostet UNICEF 10 Cents, eine Gelbfiebervakzine 20 Cents. Trotzdem ist die internationale Impfinitiative »Global Alliance for Vaccines and Immunization« jährlich auf 400 Millionen Dollar Entwicklungshilfe aus Europa angewiesen.

Sauber, Mann

In das Selbstverständnis der ethischen Industrie bricht mit Pocken, Anthrax & Co. etwas Archaisches ein – die Kriegspharmazie. Die Menschen wollen mit besonderer Gefühlsaufwallung am liebsten gar nichts davon hören. Die hysterischen Reaktionen der Amerikaner auf die Anthraxsporen, die 2001 in Briefen an Politiker versendet wurden, haben die Gesellschaft der Kurzatmigkeit und Inkonsequenz überführt. Im Angesicht einer realen oder eingebildeten Gefahr ertönt der schrille Ruf nach dem Staat und seiner Pflicht, für alle denkbaren Katastrophenfälle vorzusorgen.

Pharmazie ist keine politikfreie Zone. Auch die Öffentlichkeit muss sich entscheiden, auf wessen Seite sie sich schlagen will: Möchte sie die Priorität auf die staatliche Förderung des Kampfes gegen globale Krankheiten wie Aids oder gegen äußere Bedrohungen durch biologische Kampfstoffe legen? Gesundheit oder Gewehre?

Erstaunlich, gleichwohl zutreffend: Bei der Bekämpfung von Cholera, Pest und Pocken kommen die großen Namen wie Pfizer, Roche, Sanofi-Aventis oder Merck gar nicht vor. Die Giganten der Branche verweigern sich der Zusammenarbeit mit dem militärischen Komplex. Gut dotierte BioShield-

Subventionen streichen nur Außenseiter wie Bavarian Nordic und verschiedene Spezialfirmen ein. Die Großen tasten keinen Dollar an, als wäre es Geld von der Drogenmafia.
Warum aber nicht Forschungskräfte zusammenspannen, Sorgen gegeneinander verrechnen, Schwierigkeiten verkürzen? Warum bleibt Big Pharma lieber außen vor? Stephen Summit von der Investmentfirma Burrill & Company hat hinter die Kulissen geschaut.

- Militärs sind es gewöhnt, Panzer, Raketen und Flugzeuge bei ihren Großlieferanten Boeing, EADS oder Lockheed zu deren Kosten plus einem Zuschlag von 8 oder 9 Prozent einzukaufen. Die Arzneimittelriesen rechnen mit 28 bis 31 Prozent. Also mehr als dem 3fachen. »Die Regierung wird keine neuen Wunderdrogen bekommen, wenn sie die Kosten und knappe 10 Prozent Marge bezahlt«, mäkelte Eli-Lilly-Chef Sidney Taurel vor dem amerikanischen Kongress.
- Big Pharma hat keine Erfahrung in der Abwicklung von Staatslieferungsverträgen. Die Manager lassen lieber die Finger davon, statt teures Lehrgeld im Behördenverkehr zu zahlen. Oder scheuen sie die Einblicke in ihre Geschäfte?
- Die Erteilung von Patenten, wenn die Forschung aus Steuergeldern bezahlt wurde, ist ein Minenfeld. Und wer geht schon gerne über Tretminen?
- Die Durchführung klinischer Studien am Menschen mit Pocken- oder anderen sensiblen Impfstoffen ist das Schwierigste und Langwierigste, was die Zunft zu bieten hat. Das Risiko der Testpatienten ist viel höher als bei Therapeutika.
- Haftungsfragen sind bei sensiblen Themen wie Pocken

oder Pest eine exzellente Verdienstquelle für Juristen, aber ein Alptraum für Öffentlichkeitsarbeiter. Was passiert, wenn völlig unvorhergesehene schwere Nebenwirkungen auftreten? Muss die Firma oder muss der Staat bezahlen? Meistens ist das vertraglich vorher geregelt. Aber bis gezahlt wird, spielen die Partner Schwarzer Peter. Die Pharmafirma kann ihr Image und eine ersprießliche Zukunft abschreiben.

- Die Investor-Relations-Abteilung vermag nicht abzuschätzen, wie die Börse die Beteiligung an einem Militärprogramm aufnehmen wird. Daumen rauf oder Daumen runter? Also rät sie von dem Vorhaben ab, denn die Risikobranche schätzt nur das kalkulierbare Risiko.

Auch der Bayer-Konzern verdankte den Einsatz seines Antibiotikums Ciprobay gegen Anthrax 2001 in Amerika keineswegs eigener Initiative. 1997 hatte das Pentagon auf der Suche nach Medikamenten gegen Biowaffen herausgefunden, dass Bayers Wirkstoff Ciprofloxacin Rhesusaffen heilte, die mit inhaliertem Milzbrand infiziert waren. Auf Drängen der US-Regierung ließ sich Bayer daraufhin sein Antibiotikum, das gegen Atem- und Harnwegsinfektionen eingesetzt wird, in den USA als einziges spezifisches Anthraxmittel genehmigen. Das hatte vor dem 11. September keinerlei ökonomische Bedeutung. In den einhundert Jahren vor den Anschlägen waren in den USA lediglich achtzehn Anthraxfälle registriert worden. Dann kam der Zufallserfolg. Heute gibt es staatliche Programme, um eine Anthrax-Vakzine zu entwickeln und so bei einer weiteren Attacke von Bayer unabhängig zu sein.

Die Impfindustrie ist ein Brennpunkt, an dem öffentliches Interesse und Privatwirtschaft aufeinandertreffen. Die Versorgung mit Impfstoffen gehörte neben der Einfuhr preiswerter Medikamente aus Kanada zu den heiß diskutierten gesundheitspolitischen Themen im amerikanischen Präsidentschaftswahlkampf zwischen John F. Kerry und George W. Bush. Es ging darum, ob die USA auf Epidemien gut genug vorbereitet sind.
Wir sollten auch noch das Argument im Ohr haben, mit dem Frankreichs Staatsregierung in der Übernahmeschlacht um den Pharmakonzern Aventis intervenierte. Zur Erinnerung: Der Schweizer Konzern Novartis wurde als Käufer im Frühjahr 2004 ausgebootet und die Pariser Firma Sanofi aufs Schild gehoben. Staatspräsident Jacques Chirac begründete sein nationalistisches und ganz und gar uneuropäisches Ego-Manöver so: Frankreich könne es aus nationalem Interesse nicht zulassen, dass der Impfstoffhersteller Aventis in ausländische Hände übergeht. Das war nicht die volle Wahrheit. Chirac hatte die Vision von einem gallischen Pharmakonzern mit Gloire und Größe. Es ist aber auch kein Geheimnis, dass der Zugriff auf einen Vakzinekonzern im Katastrophenfall so wertvoll sein kann wie die Befehlsgewalt über eine gut funktionierende Polizei. Die Phantasie muss keinen Pockenkrieg bemühen. Eine Grippeepidemie wäre ein weltweiter Ausnahmezustand. Und Aventis ist der größte Lieferant von Grippeimpfstoff.
Die Mitglieder des »Summit of Independent European Vaccination Experts«, dem der Mainzer Professor Heinz-Josef Schmitt angehört, formulieren die Dramatik einer solchen Situation, wie es Buchhalter tun: »Wir müssen klären, wie Länder ohne eigene Produktion Impfstoffe von solchen Län-

dern erhalten können, deren politische Führung die heimische Produktion in einer solchen Situation für die eigene Bevölkerung beschlagnahmt.«

Selbst die EU-Kommission, sonst nicht für reißerische Stellungnahmen bekannt, hält die gerechte Verteilung von Impfstoffen im Katastrophenfall für einen frommen Wunsch. Es sei zu erwarten, so eine Enquete des Gesundheitskommissariats, dass die einzelnen Staaten die begehrte Vakzine »zum Schutz für ihre eigene Bevölkerung in Beschlag nehmen werden«.

Hoch-Zeit für Heiler

Die aktuelle Bedrohung ist kein Hirngespinst. Gesundheitsfunktionäre sind extrem nervös. Sie rechnen ernsthaft mit einer weltweiten Influenza-Epidemie in absehbarer Zukunft. Es ist für sie eine realistischere Horrorvorstellung als eine Bioterrorattacke. Der Flugverkehr fördert die Ausbreitung von Epidemien. Ohne die Sperrung großer Airports rechnen die Experten des Max-Planck-Instituts in Göttingen mit einer globalen Ausbreitung des Grippevirus innerhalb von achtzig Tagen.

Bereits ein Blick in die Vergangenheit nährt die schlimmsten Befürchtungen: Der Name Influenza kommt von dem italienischen »influentia« und bedeutet Einfluss. Das Wort wurde zum erstenmal bei einer Grippeepidemie 1743 gebraucht. Die Menschen waren über die Ausmaße der Krankheit entsetzt und glaubten, überirdische Kräfte hätten ihre Hand im Spiel. Damals wurden die Toten nicht annähernd so genau gezählt wie heute.

Für die spanische Grippeepidemie 1918/20 liegen ebenfalls nur Schätzungen vor. Es starben zwanzig bis vierzig Millionen

Menschen. Die Hongkonggrippe forderte 1957 etwa siebzigtausend und 1968 rund vierunddreißigtausend Tote. Die WHO geht bei der nächsten Epidemie von zwei Millionen dreihunderttausend Krankenhauspatienten und zweihundertachtzigtausend bis sechshundertfünfzigtausend Toten aus.
Selbst in Normaljahren schlägt die Grippe der Bevölkerung brutal ins Gesicht. Jede Grippewelle fordert in Deutschland fünftausend bis achttausend Tote. Die Kosten werden mit 460 Millionen bis 2,3 Milliarden Euro pro Saison angegeben. Husten und Schnupfen sind in diesen Zahlen nicht enthalten.

Hühnerherrschaft

Das Influenzavirus foppt die Pharmazeuten durch ständige Verwandlung. Das macht es hochinfektiös und heimtückisch. Wenn sich das Virus extrem verändert hat, wird es vom menschlichen Immunsystem glatt übersehen. Das zerstörerische Potential fordert dann besonders viele Menschenleben. Von Experten wird dies als Pandemie bezeichnet.
Eine vorausschauende Vorratswirtschaft gegen die drohende Gefahr ist unmöglich. Die WHO analysiert jedes Jahr die Virenstämme. Im Februar trifft ein Expertengremium die Entscheidung, welche Viren für die nächste Saison relevant sind, und stellt sie bis Anfang April den Produzenten zur Verfügung. Die Hersteller liefern den gerade aktuellen Impfstoff im September aus. Irrt die Kommission wie im Jahr 2003, dann ist die Vakzine wirkungs- und wertlos.
Das Herstellungsverfahren ist für Nachfrageschwankungen völlig ungeeignet. Der Impfstoff wird auf Hühnereiern gezüch-

tet. Die Eier müssen zu Millionen bei Großfarmen bestellt werden. Die Verwendung von Zellkulturen steht noch vor der Einführung.
Bei Ausbruch einer Epidemie müssten in Europa vierhundertfünfzig Millionen Einwohner mit Impfstoff versorgt werden. Nach Angaben des Europäischen Herstellerverbands reichen die Kapazitäten nur für neunzig Millionen Dosen. Schnell mal ein paar Anlagen dazunehmen geht nicht. Die Sicherheitsanforderungen sind sehr hoch. Ein geschäftstüchtiger Unternehmer mit der Idee, statt einer neuen Pizza-Linie eine Firma für Grippeimpfstoffe zu starten, läge bald auf der Nase. Newcomer ohne Know-how, Erfahrung und Netzwerke bis tief hinein in die Organisationen der öffentlichen Kunden haben in diesem Markt keine Chance.

Ein Stück für starke Nerven

Nach dem Ausbruch einer Epidemie oder Pandemie dauert es nach Angaben von Robert Sebbag, Impfstoffspezialist von Sanofi-Aventis, sechs Monate, bis eine Vakzine zur Verfügung steht. Die Hersteller haben kein Interesse, das Prozedere zu beschleunigen. Wenn ein Impfstoff ohne klinische Prüfung zum Einsatz kommt und später üble Nebenwirkungen auftreten, gibt es kein Gesetz, das sie vor Schadensersatzforderungen schützt. Also bleiben sie lieber auf der sicheren Seite.
Es wird viel Geld und Geist in die Verkehrssicherheit investiert. Wer denkt über die fünfzigtausend Toten nach, die jährlich an Grippe sterben? Da fehlt die Lobby. Ein bisschen hysterisch reagierten die Amerikaner allerdings, als sie Anfang Oktober 2004 die Nachricht erhielten, dass sechsundvierzig

Millionen Portionen verunreinigter Grippeimpfstoff für die Wintersaison in den Müll gekippt werden mussten.
Der englische Fabrikationsbetrieb in Liverpool war über dreißig Jahre alt und nach Angaben von Insidern ziemlich verlottert, bis er im Oktober 2004 von den britischen Behörden geschlossen wurde. Die Anlagen waren durch die Hände von fünf Unternehmen gegangen, ehe sie beim jetzigen Eigentümer, dem US-Unternehmen Chiron, landeten. Chiron-Konzernchef Howard Pien presste aus der Fabrik heraus, was er konnte, um möglichst viel Impfstoff in die USA zu liefern und seine ehrgeizigen Umsatzziele für den Konzern zu erfüllen.

Schlechte Vorsorge

Engpässe und Produktionsstopps sind in der Vakzine-Branche leider so alltäglich wie der Autobahnstau zu Ferienbeginn. Achim Kaufhold, Chief Medical Officer beim Schweizer Spezialisten Berna Biotech und vorher bei GlaxoSmithKline: »Impfstoffe sind eine völlig andere Szene als Medikamente. Hier herrscht Knappheit.« Fachmann Sebbag assistiert: »In diesem Markt wird nicht über Preise, es wird immer über Mengen gefeilscht.«
Ein Expertenstreit ist in vollem Gang, ob man die öffentliche Aufgabe der Bereitstellung von Impfstoff der profitorientierten Privatwirtschaft allein überlassen kann. Den notorisch geldknappen Gesundheitsministern fehlt es allerdings häufig schlicht am Geld, um es besser zu machen.
Nachdem die Experten fest an den Ausbruch einer Grippeepidemie in naher Zukunft glauben, wächst die weltweite Sorge bei den Behörden, wie sie der Infektion vorbeugen und

die Bevölkerung schützen können. Es gibt nicht viele Möglichkeiten. Halswickel und Bettruhe genügen bei einer Grippe nicht. Eine wirksame Alternative zum Impfstoff ist die Einnahme von Medikamenten gegen Infektionen. Deren Oberbegriff lautet Antiinfektiva.

Das bekannteste Arzneimittel dieser Klasse ist Tamiflu mit dem Wirkstoff Oseltamivir von Roche. Nach der Markteinführung zwischen 1999 und 2002 war Tamiflu ein Ladenhüter. Roche verkaufte nur 5,5 Millionen Behandlungsdosen im Jahr. Grippe interessierte niemanden. Auch die Regierungen scheuten die Kosten für den Aufbau von Vorräten. Während Pockenimpfstoffe jahrzehntelang ihre Wirkung behalten, liegt das Verfallsdatum für Antiinfektiva bei drei Jahren.

Mit dem Ausbruch der Vogelgrippe in Südostasien wich die Sorglosigkeit einer gesteigerten Ängstlichkeit und Panikmache. Behörden und Privatleute in aller Welt kauften Tamiflu auf und begannen, das Arzneimittel zu horten. In vielen Unternehmen wurde es zum Statussymbol, von der Geschäftsführung vorbeugend mit Tamiflu versorgt zu werden. Das war für den Mitarbeiter der Beweis, für die Firma unverzichtbar zu sein.

Ein echtes Gegenmittel gegen die Vogelgrippe ist das Arzneimittel freilich nicht. Experten gehen aber davon aus, dass Tamiflu die Sterblichkeit deutlich verringern kann. Außerdem erleichtert die Einnahme die Beschwerden einer Grippe, reduziert krankheitsbedingte Komplikationen wie Bronchitis und Lungenentzündung und verkürzt die Krankheitsdauer. Der Wirkstoff muss jedoch wenige Stunden nach der Infektion eingenommen werden.

Der Absatz von Tamiflu ist in den letzten Monaten um das Dreißigfache gestiegen. 2006 rechnet Roche mit dem Verkauf von 150 Millionen Packungen. Für 2007 sind schon 300 Millionen eingeplant. Solche Mengen kann der Schweizer Konzern allein gar nicht schaffen. Wegen der riesigen Nachfrage hat Roche inzwischen Fremdfirmen die Genehmigung erteilt, Tamiflu herzustellen. Das Produktionsverfahren ist vielschichtig. Die Vorbereitungen dauern zwischen sechs und zwölf Monate. Doch zunächst wurde um die Patente gestritten. Das Schutzrecht für Tamiflu gilt bis zum Jahr 2016. Nachdem viele Länder wie zum Beispiel Indien entschlossen waren, auch ohne die Genehmigung von Roche das Mittel herzustellen, lenkte der Schweizer Pharmakonzern ein und zeigte sich kompromissbereit. Nur in wenigen Staaten wie zum Beispiel Thailand gilt das Patent nicht.

Die Experten sind sich jedoch einig, dass bei Ausbruch einer weltweiten Grippeepidemie keine ausreichenden Mengen von Tamiflu zur Verfügung stehen, um allen erkrankten Menschen zu helfen. Auch der Impfstoff bleibt ein knappes Gut, obwohl die Hersteller neue Kapazitäten aufgebaut haben. Viele globale Unternehmen und Banken haben bereits Notfallpläne für eine Pandemie ausgearbeitet. Die Wirtschaft geht davon aus, dass auf dem Höhepunkt der Krise nur noch ein Drittel der Beschäftigten zum Dienst erscheinen kann. Die Weltbank rechnet mit mehreren Millionen Toten und Kosten von 1,16 Milliarden Euro. Trotz der hochgerüsteten Pharmaindustrie sind die Aussichten auf einen ausreichenden Schutz bei Ausbruch von Seuchen oder Epidemien ziemlich katastrophal.

8 Forschung und Produktion – Ein schlecht bestelltes Haus

Pharmahersteller haben ein Argument, warum sie bei den Preisen kräftig zulangen, das Kritiker zunächst mundtot macht. Die Medikamente von heute müssen Forschung und Entwicklung der Arzneimittel von morgen finanzieren. Falls ihnen die Gesundheitspolitiker zu viele Generikahersteller oder Sparkommissare auf den Hals schickten, bliebe der Fortschritt auf der Strecke. Die Drohung geht unter die Haut und ist durchaus ernst zu nehmen.

Ohne innovative Arzneimittel wäre die Erfolgsgeschichte der modernen Medizin deutlich kürzer. Die Entdeckung des Insulins im Jahr 1922 gab Zuckerkranken die Chance zum Leben. Seit 1970 ist die Rettung leukämiekranker Kinder möglich. Magen- und Darmgeschwüre verschwinden innerhalb eines Monats ohne Operation mit Hilfe von Medikamenten. Das sind drei bahnbrechende Innovationen. Es gibt ein Dutzend mehr.

Ein Crash der Pharmabranche hätte für die Gesellschaft also nachweislich fürchterliche Folgen. Horrorszenarien, welche Belastungen auf die vergreisenden Bevölkerungen Amerikas, Europas und Japans zukommen, ernüchtern wie kalte Waschlappen.

Ein Beispiel: Die Ausgaben für Alzheimer-Patienten betragen weltweit jährlich weit über 100 Milliarden Dollar. Im Endstadium der Krankheit dämmern die Patienten hilfsbedürftig vor sich hin. Praktisch jeder fünfte Einwohner in den entwickelten Volkswirtschaften ab fünfundsiebzig Jahren leidet daran. Schon geistern Zahlen von mehr als 500 Milliarden Dollar Aufwand für Alzheimerkranke im Jahr 2050 durch die Welt. Die Krebsstatistik ist ebenso beunruhigend. Heute werden 20 Milliarden Dollar für Krebstherapien ausgegeben. Bis 2010 werden es nach neuesten Schätzungen 45 Milliarden sein. Bei einer Verdoppelung alle fünf Jahre kommen wir für 2050 zu verrückten Zahlen.

Panikmache? Wohl kaum. Die Kalkulationen für die Versorgung von Diabetikern und die Folgen der sich weltweit ausbreitenden Fettsucht sind ähnlich desillusionierend. Und wir kennen nicht ein Dutzend, sondern dreißigtausend Krankheiten.

Doch es ist kein Naturgesetz, dass die Ausgaben für Forschung und Entwicklung so hoch sein müssen wie, sie es heute sind. Die Strategen von IBM Global Services, das sind Experten, die sich zwölf Stunden am Tag Gedanken um die Zukunft der Pharmazie machen, sehen ein Anhalten der Kosten-Preis-Spirale als machbar an. Die Unternehmen müssen es nur wollen.

Sogar die Zulassungsbehörden fordern von Big Pharma eine Grundrenovierung ihrer Forschungskultur. Es ist eine Inspektion fällig, und zwar die große, die langfristige.

Krankes Geschäft

Die Arzneimittelriesen bieten ein Lehrstück, wie das Festhalten an überholten Strukturen dazu führen kann, Milliarden zu verschleudern oder gar die eigene Position zu gefährden.

Die fünfzehn größten Arzneimittelkonzerne, und das ist »Big

Pharma«, geben jedes Jahr höhere Summen für die Erforschung neuer Medikamente aus. 2004 waren es 35,9 Milliarden Dollar. Mehr als doppelt soviel wie 1997 und dreimal soviel wie 1992. Sie beschäftigen vorzüglich ausgebildete Biologen und Chemiker. Sie setzen flinke Roboter ein. Sie knüpfen Kooperationen mit renommierten Universitäten und Instituten. Sie lassen aber »wie ein Immunsystem« nicht wirklich etwas von außen an sich herankommen, meint Karl H. Schlingensief, Mitglied der Geschäftsleitung von Roche in Deutschland.

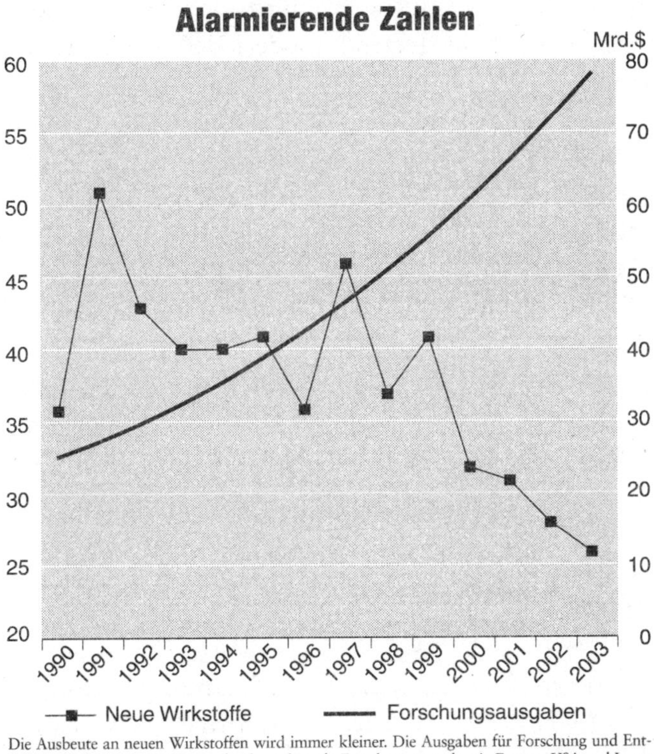

Die Ausbeute an neuen Wirkstoffen wird immer kleiner. Die Ausgaben für Forschung und Entwicklung haben sich seit 1990 mehr als verdoppelt. Forschungsausgaben in Europa, USA und Japan in Mrd. US-Dollar. Neue Wirkstoffe (New Molecular Entities) einschließlich Bioprodukten. *Quelle: European Federation of Pharmaceutical Industries and Associations, 2004 Edition, S. 7f.*

So endet die Jahresschlussbilanz der Pharmakonzerne jedesmal mit einem großen Katzenjammer. Die Ausbeute wird kleiner und kleiner. Jede investierte Million schafft weniger Neuartiges oder verbessertes Neues als im Jahr zuvor. Barrie G. James, ein bekannter englischer Pharmaberater und Publizist: »Es ist das Alice-im-Wunderland-Syndrom – die Pharmaindustrie muss immer schneller laufen, um wenigstens ihre Position zu halten.«
Das Desaster hat mehrere Gründe:

- Es braucht Zeit, bis Mitarbeiter mit frisch entwickelten Technologien und Erkenntnissen versiert umgehen können. Das menschliche Genom ist entschlüsselt. Der Goldrausch ist verblasst. Die Umsetzung der Wissenschaft in praktische Anwendung braucht Jahre.
- Die Mittel gegen die akuten Killerkrankheiten wie Diphtherie oder Wundstarrkrampf mit eindeutigem Ursache-Wirkung-Prinzip sind auf dem Markt. Krebs und Aids sind erheblich raffiniertere Feinde. Ihre Ausrottung ist kompliziert und teuer.
- Das Marketing macht der Entwicklungsmannschaft Vorgaben, die nur mit einem Riesenaufwand erfüllbar sind. Häufig auch gar nicht. Das karierte Kaninchen, das sich laut frischen Marktforschungsdaten besser verkauft als der gestreifte Hase, ist trotz größten Aufwands nicht darstellbar.

Obendrein ist die Informationstechnologie in den Pharmaunternehmen in einem »infantilen Zustand«, so Rolf Krebs, Aufsichtsratschef der Biotechfirma Epigenomics. Die vielen Millionen Daten werden von den Forschungs- und Entwicklungszentren nicht intelligent genug gebündelt und ausgewertet. Schering-Forschungsvorstand Günter Stock: »Wir ertrinken in Informationen und gieren nach Wissen.«

Falsches Drehbuch

Wenn die Produktivität in Forschung und Entwicklung sinkt, steigt nach den Grundregeln der Betriebswirtschaft der Aufwand, um ans Ziel zu kommen. Die letzte seriöse Untersuchung über die Kosten einer Wirkstoffentwicklung ist aus dem Jahr 2002. Viel hat sich seitdem nicht geändert. Das amerikanische Tufts Center kam damals zu dem Ergebnis, dass die Ausgaben für ein Medikament bis zur Zulassung durchschnittlich 802 Millionen Dollar betragen. Die Summe ist dreimal höher als ein Vierteljahrhundert zuvor.

Diesen Riesenbetrag trägt die Pharmalobby wie eine Fronleichnams-Monstranz auf Kongressen und in TV-Interviews vor sich her. Doch wer die Zahl analysiert, kann schnell vom Glauben abfallen.

Die direkten Kosten betragen keine 802 Millionen Dollar, sondern 403 Millionen Dollar. 399 Millionen Dollar sind »Opportunitätskosten«. Sie existieren nur auf dem Papier.

Die Rechnung geht so: Hätte der Finanzchef des Unternehmens X das Geld (403 Millionen Dollar) sieben Jahre lang zu einem Zinssatz von 11 Prozent angelegt, statt es zu investieren, wäre er zum Zeitpunkt der Zulassung eines neuen Medikaments um 399 Millionen Dollar reicher. Es bleibt ein Geheimnis, bei welcher soliden Geldanlage 11 Prozent verdient werden. Wer derartig hohe Zinsen kassieren möchte, muss mächtig ins Risiko gehen. Das ist keine sehr seriöse Rechnung.

In der Summe von 802 Millionen Dollar sind außerdem alle

Ausgaben für die Fehlschläge aus Forschung und Entwicklung enthalten. Auf jedes erfolgreiche Medikament kommen in der Tufts-Statistik zwei teure Flops. Auch diese Zahl muss man hinterfragen. Wieso zwei Flops?

Eine geringe Erfolgsrate geht für die Forschung noch in Ordnung. Hier kommt es auf Erkenntnisse an und nicht nur auf Erfolge. Für die Entwicklung gilt ein strengerer Maßstab. Sie verbrät fast zwei Drittel der 403 Millionen Dollar.

Zu viele Wirkstoffe scheitern erst während der teuren Tests an vielen hundert Menschen. Mitte der neunziger Jahren überstanden noch 88 Prozent der Zulassungsaspiranten die dritte klinische Prüfung. Heute sind es nur noch 70 Prozent. Würden die Pharmakonzerne wackelige Kandidaten frühzeitiger aus dem Rennen nehmen, könnten sie viel Geld sparen. »Tötet früh, tötet schnell«, rät Tufts-Direktor Kenneth I. Kaitin.

Doch an jeder Substanz hängen Träume und persönlicher Ehrgeiz. Bayer-Forschungschef Wolfgang Hartwig: »Es gibt immer ein gutes Argument, warum gerade dieses eine Projekt trotz augenscheinlicher Erfolglosigkeit weitergeführt werden sollte.« Jeder Entwicklungsvorstand kann mindestens ein Rührstück erzählen, wie ein Produkt fast gekippt wurde und später das große Geld als Blockbuster verdiente. Das Krebsmittel Herceptin stand dreimal vor dem Aus. Heute ist es eine Erfolgsstory.

Grobe Patzer

Solche Anekdoten dienen als Entschuldigung für Ineffizienz. Methoden, um rechtzeitig und zielsicherer die Guten von den Schlechten zu unterscheiden, gibt es schon lange – sie werden jedoch nicht konsequent angewendet.

Durch die Fusionitis der letzten Jahre hat sich die Situation verschlechtert, nicht verbessert. Es sind gigantische Organisationen mit zehntausend bis fünfzehntausend Wissenschaftlern entstanden. Die Steuerung dieser komplexen Gebilde über Kontinente, Zeitzonen und Kulturen hinweg ist eine Kunst, die bis heute kein Unternehmen überzeugend beherrscht.

Heiratsfreudige Branche

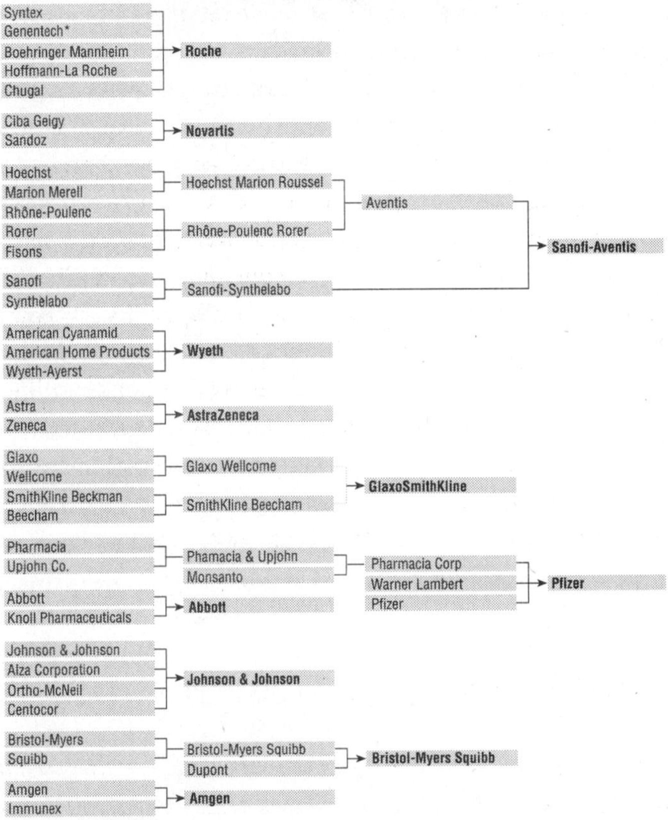

*nur Aktienmehrheit

Die Grafik zeigt den Konzentrationsprozess in der Pharmaindustrie in den letzten Jahren.
Quelle: The Treshold of Innovation und Silicon Reality IBM Business Consulting Services, New York 2004

Pharma-Marktführer Pfizer gab in den letzten fünf Jahren mehr als 25 Milliarden Dollar für Forschung und Entwicklung aus. Viagra war das letzte große, wirklich neue Medikament, das ohne Zukauf von Know-how in den eigenen Labors entstand. Die Potenzpille kam 1998 auf den Markt. Was haben sie bloß seitdem gemacht?

Roger Longman, ausgewiesener Branchenkenner und Herausgeber der Fachzeitung *In Vivo*, behauptet, dass Pharmakonzerne häufig nicht erkennen, wenn ihre Wissenschaftler ein Schätzchen gefunden haben. Longman: »Die Entdeckung hat noch keinen Wert, man muss sie richtig bewerten können. Dabei unterlaufen den Forschungsmanagern viele Fehler. Sie können zuwenig um die Ecke denken oder sie entscheiden nach kurzfristigen Opportunitäten.«

Das hier ist eine typische Geschichte über die verhängnisvolle Mixtur aus kurzfristigem Aktionismus und fehlender Übersicht im Pharmagewerbe: Die englische Firma SmithKline arbeitete fünf Jahre lang an einem neuen Antibiotikum und gab dafür 200 Millionen Dollar aus. Selbst für einen Pharmakonzern ist das nicht wenig Geld. Dann fusionierte SmithKline mit dem englischen Wettbewerber Glaxo. Andere Herren hatten ab sofort das Sagen. Sie durchforsteten die Entwicklungsprojekte des fusionierten Unternehmens. Sie verabschiedeten sich von vielen Schätzen. Es war ja niemand mehr da, der genug davon verstand. Das Antibiotikum ging für einen Apfel und ein Ei an eine koreanische Firma. Aus Asien kam der Wirkstoff schließlich nach Amerika zur Biotechfirma Genesoft. Ein Wissenschaftler von SmithKline hatte sich dorthin abgesetzt und kannte den Wert der Substanz. Heute ist das Antibiotikum unter dem Namen Factive zugelassen. Die Fachleute trauen dem Genesoft-Antibiotikum einen Umsatz von 500 Millionen Dollar zu.

Traurig für Genesoft: Das Biotechunternehmen Genome Therapeutics roch den fetten Braten und kaufte gleich die ganze Firma auf.

Gewusst, wie

Die Branche hat viele ähnliche Storys auf Lager. Neidvoll blickt Big Pharma auf die flexiblen Biotechfirmen, die den Überblick behalten haben. In ihren Labors wurden in den neunziger Jahren die Grundlagen für die neuen Krebsmittel dieses Jahrzehnts gelegt.

Um diesen Biotechspirit einzufangen, haben einige Multis ihre riesigen Forschungsmaschinen wieder in selbständige Einheiten aufgeteilt. Sie wollen partout nicht wahrhaben, dass die Kulturen bei Big Pharma und bei einem Biotechspezialisten grundverschieden sind.

Es geht aber auch anders: Roche erwarb 1990 für 2,1 Milliarden Dollar 60 Prozent der Aktien von Genentech. Die Schweizer widerstanden der Versuchung, die kalifornische Biotechfirma der eigenen Organisation einzuverleiben. Roche ließ Genentech die Freiheit als Börsengesellschaft. Die US-Tochter musste dem Großaktionär dafür versprechen, ihm die Vermarktungsrechte neuer Medikamente für den europäischen Markt abzutreten.

Der Basler Konzern machte damit den besten Deal der Firmengeschichte. Die US-Tochter liefert ihnen eine geldwerte Krebsspezialität nach der anderen. Die Beteiligung (es sind heute 55,6 Prozent) ist jetzt rund 30 Milliarden Dollar wert. Das entspricht einer Verzinsung von über 19 Prozent pro Jahr. Mit Hilfe des rasant wachsenden Umsatzes von Genentech

(43 Prozent Umsatzplus im letzten Jahr) schob sich Roche auf Platz acht der größten Pharmakonzerne vor.

Nachsitzen

Georg Nederegger, Direktor und ausgewiesener Fachmann für die Pharmaindustrie bei McKinsey in München, sitzt über die Branche kritisch zu Gericht. Nederegger: »Wenn ich von den Managern höre: Ich habe meinen Laden toll im Griff, bin ich schon mal skeptisch. Aufgrund des gigantischen Geldes, das ihnen zur Verfügung steht, haben sie eine lockere Hand beim Ausgeben. Es ist einfach kein Druck vorhanden, zu sparen. Steht eine Pharmafirma heute mit 30 Prozent Gewinn da, könnten es ebensogut 40 Prozent sein, wenn sie alle Glieder der Kette von der Forschung über die Produktion, über den Einkauf bis zum Verkauf optimieren würde.«

Bedauerlich bis verhängnisvoll: Auch in der Fertigung liegt bei Big Pharma vieles im argen. Die Behörden müssen wegen Schlamperei und vorsintflutlicher Technik jedes Jahr mehrere Fabriken schließen oder durchgreifende Änderungen anordnen. Die Schließung der Impfstoffabrik von Chiron in England war ein Beispiel. Doch ehe man Kübel voll Kritik ausschüttet, muss man zwei völlig verschiedene Produktionsverfahren unterscheiden: die Herstellung von Medikamenten mit Hilfe von Bakterien und Zellen oder durch den Einsatz von Chemie.

Die biopharmazeutische Produktion ist extrem aufwendig. Deutschland gehört mit den Biotech-Hochburgen Penzberg von Roche und Biberach von Boehringer Ingelheim zur Weltspitze. Hier lassen viele US-Firmen ihre Wirkstoffe fertigen. Überall wird gebaut, als stünden Olympische Spiele vor der

Tür. Es sind die Vorbereitungen für den erwarteten Biotechproduktboom.

Hinter Desinfektionsschleusen wie im Hochsicherheitslabor vermehren die Verfahrenstechniker in einer Kaskade großer Stahlbehälter ihre Bakterien und Zellen. Das dunkle Mikrobengebräu wird so lange gefiltert, bis wenige Gramm Wirkstoff gewonnen sind. Bei minimalen Unreinheiten ist das Produkt wertlos. Mehrere hunderttausend Euro wurden durch den Schornstein gejagt.

Doch fast zwei Drittel unserer Medikamente kommen aus der Retorte der Chemiker. Das sind bekannte und bewährte Prozesse. Sie müssten allerdings laufend dem jeweiligen Stand der Technik angepasst werden. Diese Aufgabe haben die Arzneimittelunternehmen in der Vergangenheit sträflich vernachlässigt.

Die Fertigungsingenieure, sagt Janet Woodcock, ein hoher Funktionär der Zulassungsbehörde FDA, »sind die Aschenputtel der Pharmabranche«.

Ganz anders verhalten sich Automobil-, Chip- oder Waschpulverhersteller. Die Produktionsfachleute dürfen hier ihr Bestes geben. Sie pressen durch Rationalisierung jeden Cent aus dem Maschinenpark heraus. So bleiben die Unternehmen wettbewerbsfähig. Mit der »Ich verändere gar nichts«-Haltung der Pharmazeuten wären diese Hersteller längst pleite.

5 bis 10 Prozent Ausschuss gelten in der Pharmabranche als normal. Es war bisher auch üblich, nach jedem Fertigungsschritt anzuhalten, eine Probe zu ziehen, das Ergebnis abzuwarten und dann die Maschinen wieder zu starten. Stand der Technik ist es, Prozesse kontinuierlich weiterlaufen zu lassen. Überall in den Betrieben stören Zwischenlager den Ablauf. Die Beratungsgesellschaft Cap Gemini behauptet, es sei nicht einmal selbstverständlich, dass eine Firma ein zugelassenes Medikament sofort produzieren kann.

Zum Glück läuft das alles unter den wachsamen Augen der Beamten der amerikanischen und der europäischen Zulassungsbehörden ab. Ihre Inspektoren filzen und zertifizieren regelmäßig die Fabriken. Sie achten auf saubere Prozesse und reine Chargen. Sie verschicken Verwarnungen bei Schlampereien und Verunreinigungen. Doch rationelle und kostengünstige Fertigung ist für die Inspektoren sekundär.

Die Behörden sind an der Rückständigkeit nicht einmal unbeteiligt. Ihre Angestellten müssen das Herstellungs- und Prüfverfahren eines neuen Medikaments genehmigen. Der Stand der Technik am Tag X bekommt den Stempel. Die kleinste nachträgliche Änderung ist wiederum genehmigungspflichtig. Unter diesen Voraussetzungen fällt den Ingenieuren später nichts mehr ein.

Das Beispiel von Pfizers Antibiotikaherstellung in Irland erlangte inzwischen Berühmtheit: Der US-Konzern stand vor der Wahl, in seinem irischen Werk in Ringaskiddy eine Qualitätskontrolle für ein neues Antibiotikum einzurichten oder alternativ die Stichproben in das 5600 Kilometer weit entfernte Werk in Groton im US-Bundesstaat Connecticut zu fliegen. Der gesunde Menschenverstand votierte für die Qualitätskontrolle auf den Britischen Inseln. Die technische Ausrüstung ist dort auf dem neuesten Stand. Doch das Pfizer-Management fürchtete die Genehmigungsprozedur. Möglicherweise verzögerte sich die Zulassung des Antibiotikums um mehrere Monate. Das bedeutete Umsatzeinbruch, Prestigeverlust und andere Unannehmlichkeiten. Die USA bekamen die Qualitätskontrolle, und die Fluglinien jubelten über das gute Geschäft.

Wie es anders laufen könnte, ist auch den tiefsten Denkern schleierhaft, solange sich die Genehmigungsprozesse nicht ändern.

Natürlich ist in der Pharmafertigung nicht alles Umstandskrämerei oder Schrott. Im Steuerparadies Puerto Rico rattern hinter Stahltüren in hochmodernen Fabriken vollautomatisch ein paar der erfolgreichsten Blockbuster der Welt vom Band. Die Pharmabranche ist der größte Arbeitgeber der Insel. Der Standort ist attraktiv, denn bis 2006 können Profite aus Puerto Rico nahezu steuerfrei in den USA abgerechnet werden.
Im deutschen Bitterfeld geht die Aspirinproduktion von Bayer sogar über sieben Stockwerke. Wenige Mitarbeiter sind zu sehen, dafür reichlich Edelstahl: Container, Mischer, Granulatoren, Verbindungsrohre. Im vierten Stock überwacht ein kleines Team am PC, ob die Inhaltsstoffe richtig dosiert sind. Im Erdgeschoss laufen die Pillen vom Band: Von rechts werden die Medikamente, von links Verpackung und Beipackzettel zugeführt. Pro Stunde sind es dreihundertachtzigtausend Standardtabletten, einhundertvierzigtausend Brausetabletten und einhundertzwanzigtausend Kautabletten.
Doch die Seele dieser vielen Tabletten, der Wirkstoff ASS, wird in La Felguera, in der spanischen Provinz Asturien, hergestellt und in 800-Kilo-Gewebesäcken von spanischen Lkw-Fahrern angeliefert. Die »Big Bags« erinnern an überdimensionierte Ikea-Einkaufsbeutel.
Bei der Kritik an der rückschrittlichen Fertigungstechnik geht es vor allem um die Wirkstoffbetriebe, die Synthese, nicht die Tablettenpressen. Die Ingenieure übertragen die Laborfertigung auf die Großserie, weil es für das Zulassungsverfahren am einfachsten ist. Es kann aber niemals ein Optimum ergeben.
Der Megatrend ist jetzt der Aufbau einer Wirkstoffproduktion

in Indien. Dort sind die Wissenschaftler glänzend ausgebildet und die Einkommen niedrig.
Die Inspektoren der FDA und der EMEA haben zwischen Bombay und Delhi bereits siebzig Fabriken zertifiziert. Die dort produzierten Pillen und Spritzen gehen in den Export nach Amerika und Europa. Der Marsch nach Indien spart grimmig am Aufwand – gerade auch da, wo es bislang vermeintlich nicht ging.
Den Pillen ist nicht anzusehen, woher sie kommen. Die Gesetze des EU-Gemüsemarktes, wo Gurken und Tomaten nach dem Herkunftsland ausgezeichnet werden müssen, gelten in der Arzneimittelbranche nicht. Kein Hersteller ist verpflichtet, »Made in India« auf die Schachtel zu schreiben. Nur wer vom Fach ist, verfolgte im Sommer 2004 die Expertendiskussion, ob Aids-Nachahmerprodukte aus Indien für die Länder der dritten Welt den Maßstäben der Weltgesundheitsorganisation genügen.
Währenddessen schlucken wir unsere Medikamente in dem guten Glauben, sie kämen von nebenan.

9 Lizenzen – Flirt mit dem Feind

Die Chefs der wichtigsten forschenden Pharmakonzerne aus Amerika, Europa und Japan versammeln sich zweimal im Jahr im kleinen Kreis. Es ist die einflussreiche, kaum bekannte »Dolder-Runde«.

Das Züricher Hotel »Dolder« ist das beste Haus am Platze und zugleich eine der feinsten Nobelherbergen Europas. Thomas Cueni, Generalsekretär des Schweizer Verbands der forschenden Pharmaindustrie »Interpharma« ist der Organisator des hochkarätigen Stelldicheins. Die Einladung für die Zusammenkunft im Frühjahr schließt die Damen der Arzneimittel-Tycoons mit ein. Ein reines Männertreffen – es gibt weltweit keine weibliche Vorstandsvorsitzende eines bedeutenden Pharmakonzerns – wird im Herbst an einem anderen schönen Platz der Welt arrangiert.

Auf der intimen Gipfelversammlung sprechen die Pharmachefs über alle Themen, die ihnen wichtig sind: Patente, PR oder Poenale. An allen Sitzungen nimmt ein Anwalt teil. Seine Allgegenwart ist eine Konzession an die europäischen und amerikanischen Kartellwächter: Wehret den Anfängen, Preisabsprachen zu treffen.

In sonstige Gespräche mischt sich die juristische Aufsichtsperson nicht ein. Die Konzernchefs können zum Beispiel ungeniert über Tauschgeschäfte reden. Die Dolder-Runde ist das hochkarätigste Lizenzanbahnungs-Treffen der Pharmawelt.

Seitdem die eigenen Forschungs- und Entwicklungslabors der Pharmakonzerne zuwenig Nachschub liefern, blüht weltweit der Handel mit Wirkstoffen und Vermarktungsrechten. Der Erwerb von neuen Medikamenten ist die ideale Möglichkeit, die Lücke zu füllen. Gekaufte Patente und Lizenzen sind das Saatgut für ersprießliche Umsätze.

Mehr als die Hälfte der zwanzig meistverkauften Arzneimittel sind heute bereits aus Entwicklungsbündnissen, Marketingkooperationen oder Lizenzeinkäufen entstanden. Bis 2007 werden nach Einschätzung von Experten annährend 40 Prozent des Umsatzes der großen Unternehmen gekauftes Geschäft sein.

Das Fusionsfieber der letzten Jahre hat den Lizenzhandel weiter angeheizt. Die Kartellbehörden verbinden die Genehmigung für Zusammenschlüsse in der Regel mit der Auflage, einige wichtige Produkte vorher zu verkaufen. Es ist das Feigenblatt zur Beruhigung von Fusionsgegnern.

Auch in wirtschaftlich rauher Zeit stehen die Interessenten bei solchen Deals Schlange. Mark Wolters, Leiter des Office Technologie von Schering: »Es besteht ein harter Konkurrenzkampf um einlizensierte Produkte.«

Die aufgeheizte Nachfrage treibt die Preise in die Höhe wie Hefe einen Kuchenteig. Branchenriese Pfizer überwies 620 Millionen Dollar für das Krebsmedikament Campto an den französischen Hersteller Aventis. Zu diesem Preis kann man in anderen Branchen ein ganzes Unternehmen kaufen.

Der Handel war für beide Seiten ein gutes Geschäft. Aventis durfte nach dem Verkauf diverser Medikamente mit dem Pariser Unternehmen Sanofi fusionieren und brachte in die Ehe eine höhere Mitgift ein. Pfizer sicherte sich mit Campto ein attraktives Produkt für sein Krebssortiment, das keineswegs so glänzt wie bei der Konkurrenz.

Solche Chancen sind rar. Alle großen Hersteller gieren nach Onkologiepräparaten, denn Krebs gilt als der Riesenmarkt der Zukunft.

Für seinen neuen Besitzer war Campto keine Eintagsfliege. Pfizer hat innerhalb von fünf Jahren insgesamt sieben Arzneimittel eingekauft, um seine Pipeline und sein Produktangebot aufzuhübschen. Vier Blockbuster des Marktführers mit zusammen 5 Milliarden Dollar Umsatz verlieren bis Ende 2005 ihren Patentschutz. Wenn nicht der Gewinn einbrechen soll, muss die Lizenzabteilung rechtzeitig Ersatz schaffen.

Bereits eingeführte Medikamente wie Campto oder solche, die kurz vor der Zulassung stehen, werden von den Pharmakonzernen ganz besonders geschätzt. Wirkstoffe, welche die großen klinischen Tests noch vor sich haben, fassen die Lizenzhändler mit spitzeren Fingern an. Das hohe Risiko ihres Scheiterns ist statistisch nachgewiesen. Aber selbst für frühe Projekte sind die Preise in den letzten Monaten zweistellig gestiegen.

Nach Meinung des Branchenblatts *Pharmaceutical Executive* spielen die Pharmafirmen beim »Ein- und Auslizenzieren wahrlich verückt«. Die Unternehmen »hungerten« nach Produktkandidaten.

Pharma-Pfadfinder

Die Suche nach Wirkstoff-Nuggets ist in allen großen Konzernen professionell organisiert. Jede Gesellschaft beschäftigt mehrere Pfadfinder oder Scouts. Sie suchen die Welt nach

Novitäten ab und sind auf ihrem Spezialgebiet wahre Koryphäen.
Eine Fundgrube für die Scouts sind internationale Kongresse. David Reddy, HIV-Experte des Schweizer Pharmakonzerns Roche, hörte auf einem Expertentreffen in North Carolina im Februar 1999 beiläufig eine kurze Vorstellung einer neuen Aids-Therapie. Reddy nahm sofort Kontakt mit der Firma Trimeris auf, welche die Eigentümerin des Patents war.
Reddy hatte den optimalen Zeitpunkt erwischt. Trimeris' Firmenchef Dani Bolognesi machte sich bereits Sorgen, wie er sein kompliziertes Medikament herstellen könnte. Er empfing den Roche-Manager mit offenen Armen. Der Amerikaner war mit einem Verkauf der Rechte an seinem Medikament einverstanden, wenn der Schweizer Konzern die biotechnologische Produktion auf die Beine stellte. Inzwischen hat Roche das Medikament auf den Markt gebracht, es heißt Fuzeon und ist sündhaft teuer.
Bei solchen Lizenzjagden sind die Branchenriesen mit ihrem breiten Know-how und ihren vielen Standorten im Vorteil. Sie versprechen dem Verkäufer des Wirkstoffs das Blaue vom Himmel.
Am liebsten kokettieren sie mit ihrem Außendienst. Sie prahlen, ihre Reps hätten jeden Arzt zwischen Tokio, Toronto, Turin und Tauberbischofsheim in der Tasche. Das ist Musik in den Ohren der Lizenzgeber. Sind die Absatzzahlen hoch, dann fließen üppige Lizenzgebühren in ihre Richtung zurück.
Pfizer ist wie immer der Größte. Ein halbes Dutzend Unternehmen war hinter der Firma Eyetech Pharmaceuticals her. Die Spatzen pfiffen es vom Dach, dass das Unternehmen für Macugen, ein Produkt gegen eine spezielle Art von Blindheit, einen Partner suchte. Pfizer machte das Rennen. Karen Katen, die Vizepräsidentin des Unternehmens war bereit, 745 Millio-

nen Dollar zu bezahlen und Eyetech obendrein an den laufenden Erlösen zu beteiligen.
745 Millionen waren nicht einmal das Höchstgebot. Eyetech-Finanzvorstand Glenn Sblendorio entschied sich für die Nummer eins, weil er eine Firma suchte, die »mit Blockbustern umgehen kann«. Darin ist der Marktführer mit seinen neun Milliardenumsatz-Medikamenten unbestrittener Meister. Pfizer-Lizenzeinkäuferin Lisa Ricciardi: »Wir schieben Felsbrocken weg, um Deals erfolgreich zu machen.«

Karussellfahrt

Lizenzverträge sind Kunstwerke mit sorgfältig ausbalancierten Rechten und Pflichten. Der Preis besteht meistens aus einer Anfangssumme, der Übernahme der Kosten für die letzten klinischen Prüfungen und »Meilenstein«-Zahlungen. Das sind Geldbeträge, die ausbezahlt werden, wenn ein vorher vereinbartes Ziel erreicht wurde.
Ein eindrucksvolles Beispiel, wie Medikamente gehandelt und bezahlt werden, ist Indiplon. Das ist ein neues Schlafmittel von Pfizer. Der Konzern erwarb es von der Biotechfirma Neurocrine.
Diese erhielt im Gegenzug das Recht, das Pfizer-Antidepressivum Zoloft in den USA an Psychiater zu vermarkten. Pfizer bildet außerdem die Reps von Neurocrine aus, der Konzern finanziert die letzten klinischen Studien, zahlt 100 Millionen Dollar als Einstiegssumme und 300 Millionen Dollar beim Erreichen der letzten Meilensteine. Pfizer gewährt außerdem einen Kurzfristkredit von 175 Millionen Dollar und zahlt 26 bis 30 Prozent Lizenzgebühren vom Umsatz.

Glückliches Neurocrine? Oh, auch diese Firma hat ihre Verpflichtungen. Sie erwarb den Wirkstoff 1998 für 500 Millionen Dollar vom Pharmakonzern Wyeth, der die Substanz wiederum vom Arzneimittelhersteller Lederle bekommen hatte. Neurocrine muss seinerseits 3,5 Prozent Lizenzgebühren abführen.

Noch bunter ist die Geschichte des Krebsmittels Satraplatin. Die Firma Johnson Matthey entwickelte den Wirkstoff und verkaufte ihn an das Pharmaunternehmen Bristol-Myers Squibb (BMS). Die Manager waren ganz heiß auf die Substanz, weil sie in der Lage sein soll, den Tumor bei Prostata-, Eierstock- und kleinzelligem Lungenkrebs auszuhungern. Nach einigen Änderungen in der amerikanischen Erstattungspraxis war Satraplatin plötzlich nicht mehr Blockbuster-tauglich – also gab es für BMS kein Zaudern, vertragskonform ging das Arzneimittel zurück zu Matthey.

Der Patentinhaber verscherbelte die Substanz an Spectrum Pharmaceuticals. Die Firma hatte kurz danach finanzielle Probleme. In dem allgemeinen Durcheinander kam Satraplatin über einen persönlichen Tip – und nur so funktioniert das – in den Besitz des deutschen Biotechunternehmens GPC.

Marcel Rozenczweig, ein früherer Manager von Bristol-Myers, war zu GPC gewechselt und wusste sehr genau Bescheid, welche Chancen sich für seine Firma durch Satraplatin eröffnen. Die Zulassungsstudien für die Anwendung gegen Prostatakrebs laufen bereits. Die Anwendung des Mittels kann wahrscheinlich viel breiter sein als nur für die eine Krebsart.

Seitdem Rozenczweig in den Diensten des deutschen Biotechunternehmens steht, empfehlen Analysten die Aktien der bayerischen Firma. Netzwerk, Netzwerk.

Der pharmazeutische Ablasshandel treibt die Arzneimittelpreise mächtig in die Höhe. Es machen ja mehrere Interessenten die Hand auf und wollen an dem Produkt mit verdienen. Pharma-Kritiker Roger Longman: »Das Ein- und Auslizenzieren ist für viele Unternehmen die Voraussetzung, um überhaupt noch zu wachsen. Es ist aber bürokratisch, frisst Managementkapazität und erfordert einen riesigen juristischen Aufwand. Der Käufer einer Lizenz hat oft gar nicht den Überblick, wer an dem Medikament alles mit verdient.«
Ein Grund mehr, warum Pharmakonzerne heute ein sicherer Arbeitsplatz für Juristen sind.

10 Klinische Studien – Konflikt eingebaut

Eva Buchhorn steht an der Kasse der Abteilung Strümpfe, Hüte, Schals im Erdgeschoss des KaDeWe in Berlin. Bei Kopfschmerzen oder Kater schluckt die muntere junge Frau ein Aspirin. Hilft meistens. Schadet nie?

Das Kaiserliche Patentamt in Berlin trug Aspirin mit dem Wirkstoff Acetylsalicylsäure (ASS) 1899 unter der Nummer 36433 in die Warenzeichenrolle ein. Im Laufe von 106 Jahren fassten die Patienten Vertrauen zu dem Klassiker in der Hausapotheke. ASS kann als Nebenwirkung bekanntlich Magenbluten auslösen. Der steilen Karriere des Medikaments schadeten solche Warnhinweise nicht. Jeder kennt Leute, die Aspirin schlucken. Keiner von ihnen hat Magenbluten.

Es gibt heute einige hundert Hersteller, die mit ASS Millionenumsätze machen. Der größte ist der Bayer-Konzern mit einer Jahresproduktion von über vier Milliarden Tabletten. Das Geschäft brummt. Forscher finden immer neue Arbeit für den Wirkstoff-Tausendsassa. Die Säure vermindert nachweislich das Herzinfarktrisiko, sie lindert Rheumabeschwerden, sie senkt den Cholesterinspiegel und sie wird bei Tauchunfällen zur Ersten Hilfe eingesetzt. So war es nur konsequent, dass die »Götter in Weiß« vor einigen Jahren die Schlüsselfrage stellten: Hilft Aspirin gegen die Volksseuche Krebs?

In der modernen Medizin wäre es ein Frevel, der an Darmkrebs erkrankten Tante jede Woche eine Packung ASS-Tabletten auf den Nachttisch zu legen und zu beobachten, ob ihr Tumor schrumpft. Antworten auf Fragen nach der Wirksamkeit von Medikamenten geben klinische Studien. Sie sind der Kern der modernen, evidenzbasierten Medizin. Diesen Ausdruck muss sich jeder merken, der gesundheitspolitische Diskussionen verstehen möchte. Die Gurus im deutschen Gesundheitswesen, und nicht nur hier, haben die evidenzbasierte Medizin zum Glaubenssatz erhoben.

»Evidence« heißt im angelsächsischen Sprachraum: der Beweis. Evidenzbasierte Medizin bedeutet: Die Ärzte sollen ihre medizinischen Entscheidungen aufgrund nachprüfbarer und am Patienten vorgenommener Forschung treffen anstatt aus Überzeugungen, Gewohnheiten oder Vorlieben. Ohne diesen Effizienznachweis kommt heute kein verschreibungspflichtiges Medikament in die Apotheken.

Das hat auch unerwünschte Nebenwirkungen. Es ist eine Steilvorlage für finanzkräftige Unternehmen. Die Firmenkasse muss opulent gefüllt sein, um ein Medikament durch die vorgeschriebenen klinischen Studien zu bringen.

Es sind hoch komplizierte, bis in Kleinigkeiten festgelegte Regelwerke. Jedes Arzneimittel muss in drei präzise beschriebenen Testphasen (siehe »Feste Ordnung«) seine Sicherheit und seine Wirksamkeit beweisen.

Feste Ordnung

Klinische Prüfungen für neue Wirkstoffe
folgen einem strengen Ritual.

Phase 1: Tests an Freiwilligen

Die neue Substanz soll zeigen, wie sie vom menschlichen Körper aufgenommen wird, wie sie sich dort verteilt und über welche Wege (Leber, Nieren, Lunge, Haut und Darm) sie den Körper wieder verlässt. Die sechzig bis achtzig freiwilligen Testpersonen sind gesund. Nur Wirkstoffe gegen schwere Krankheiten werden direkt an Patienten getestet. Fast jedes dritte Produkt schafft die Hürde der ersten klinischen Prüfung nicht.

Phase 2: Erste Prüfung an Patienten

Wirkt die Substanz bei kranken Menschen? Welche Dosierung ist optimal? Welche Nebenwirkungen treten auf? Gibt es wechselseitige Störungen mit anderen Arzneimitteln? Um diese Fragen geht es bei den Tests an einhundert bis fünfhundert Patienten in Phase 2. Die Hälfte der Wirkstoffe wird aussortiert.

Phase 3: Härtetest unter praxisnahen Bedingungen

Wieder geht es um den Nachweis der Wirksamkeit und Verträglichkeit. Die Zahl der Testpatienten liegt jetzt meist bei eintausend bis fünftausend. Der Trend geht zu immer umfangreicheren Studien. Eine Krebs-Studie mit dreißigtausend Patienten in siebenhundert medizinischen Einrichtungen und einundfünfzig Ländern hält den Rekord. Bei lebensrettenden Arzneimitteln erlauben die Gesundheitsbehörden, die Phase 3 abzukürzen. Durchschnittlich 30 Prozent der verbliebenen Präparate fallen hier durch das Raster.

Phase 4: Nach der Zulassung

Beobachtungsstudien, wie sich das Medikament in der Praxis bewährt, sind heute Standard und werden immer mehr zur Pflicht. Außerdem gibt es: Tests mit besonderen Zielgruppen, für breitere Anwendungen oder Vergleichstests zu Konkurrenzprodukten.

Stichwort »Placebo«

30 Prozent der Patienten fühlen sich bereits besser, wenn sie ein Stück Zucker oder eine Kochsalzspritze bekommen. Das ist der Placebo-Effekt. Um diesen Einfluss zu kontrollieren, erhält eine Patientengruppe den Wirkstoff, eine andere ein Placebo. Die Kranken sind »blind« für das, was sie bekommen. Daher der Ausdruck »Blindstudie«. Wenn der Prüfungsarzt es auch nicht weiß, ist es eine »Doppelblindstudie«. Erfolgt die Zuteilung von Wirkstoff und Placebo nach dem Zufallsprinzip, ist es eine »randomisierte« Studie. Die Untersuchung, die zur Rücknahme des Arthritismittels Vioxx führte, war eine »randomisierte, placebo-kontrollierte Doppelblindstudie«. Bei vielen modernen Studien sind die Ärzte dazu übergegangen, kein Placebo mehr zu geben. Alle Patienten erhalten die bekannte Standardtherapie, eine Gruppe erhält zusätzlich den neuen Wirkstoff.

Phase 1 kostet 50 bis 100 Millionen Dollar. Phase 2 mit kranken Patienten verschlingt 150 bis 200 Millionen Dollar. Phase 3 ist mit 350 bis 450 Millionen Dollar selbst für große Konzerne ein ziemlicher Brocken. Neben Geld brauchen die Auftraggeber einen langen Atem. Klinische Studien dauern zwei, fünf oder sogar zehn Jahre, bis sie abgeschlossen sind.
Mittelstandsfirmen und junge Biotechfirmen besitzen diese Mittel nicht. Sie haben außerdem viel zuwenig Erfahrung, wie eine klinische Studie in der großen Phase 3 organisiert wird. Sie

bringen keinen Wirkstoff bis zur Zulassung, sondern verkaufen ihre Entwicklung meistens nach der zweiten klinischen Prüfung an einen Pharmamulti. Finanziell klamme Firmen verscherbeln ihr Know-how schon nach Phase 1. Zu diesem frühen Zeitpunkt der Entwicklung gibt es wenig Geld für einen Wirkstoff. So bleiben die Kleinen klein. Die Großen werden immer größer und einflussreicher. Es sind Vielfraße mit dem Hunger nach mehr.

Es gibt einen weiteren Nachteil der evidenzbasierten Medizin: Einige Wirkstoffe oder ältere Arzneimittel kosten nur ein paar Euros, darunter viele Naturheilmittel. Es findet sich niemand, der dafür aufwendige Studien finanziert. Ohne den Nachweis der Effizienz haben diese Medikamente aber keine Chance, einen Listenplatz bei den Kassenerstattungen zu bekommen.

Heftiger Konsum

Das preiswerte Aspirin ist eine Ausnahme. Das Interesse daran erlahmt offenbar nie. Die ASS-Welle rollt und rollt. Jedes Jahr erscheinen über tausend wissenschaftliche Auswertungen über die Wirkungen des Jahrhundertmedikaments.

Bei verschiedensten Krebsstudien hat die Acetylsalicylsäure hervorragend abgeschnitten. Wer ASS schluckt, kann das Risiko senken, an Blut-, Darm- oder Lungenkrebs zu sterben. Für die Indikation Bauchspeicheldrüsenkrebs sieht es weniger gut aus. Eine Studie ermittelte bei »heftigem« Aspirinkonsum eine um 58 Prozent höhere Wahrscheinlichkeit eines Tumors als bei Menschen, die Aspirin nicht anrühren.

Die Schlagzeile »ASS erhöht Bauchspeicheldrüsenkrebsrisiko« wäre trotzdem ein Fehlalarm. Die Ärzte hatten »heftigen Aspi-

rinkonsum« für die Studie definiert als »Einnahme von zwei Tabletten pro Woche über einen Zeitraum von zwanzig Jahren oder länger«. Also ziemlich unrealistisch.
Wir sollten daraus eine wichtige Erkenntnis gewinnen: Keine voreiligen Schlüsse aus Studienergebnissen ziehen, ohne die Details zu kennen. Wenn aus einer Studie für eine Schlagzeile nur ein oder zwei Aspekte herausgezogen werden, ergibt sich schnell ein schiefes Bild.

Halbwahrheiten

Ein und derselbe Sachverhalt kann ganz verschieden ausgedrückt werden – mit fatalen Konsequenzen. Die Daten zu folgendem Beispiel stammen aus der berühmten Women's Health Initiative (WHI), heute überall nur »Die Studie« genannt.

- Das Risiko, an Brustkrebs zu erkranken, steigt um 26 Prozent bei der Einnahme von Hormonersatzpräparaten.
- Es besteht ein um 1,26fach erhöhtes Brustkrebsrisiko (relatives Risiko) bei der Einnahme von Hormonersatzpräparaten.
- Die Rate der an Brustkrebs Erkrankten steigt von 30 auf 38 Frauen, bezogen auf 10000 Frauen (absolutes Risiko).
- Bei 8 von 10000 Frauen besteht ein erhöhtes Risiko für eine Brustkrebsdiagnose nach der Einnahme von Hormonersatzpräparaten.
- Bei 9992 von 10000 Frauen existiert durch eine Einnahme von Hormonersatzpräparaten kein zusätzliches Brustkrebsrisiko.

Die erste Definition hält Ärzte von der Verordnung ab. Bei der letzten Formulierung (9992 von 10000) greifen sie spontan zum Rezeptblock und verschreiben das Hormonersatzpräparat. Gerd Gigerenzer, Leiter des Max-Planck-Instituts für Bildungsforschung und Autor des Buches *Das Einmaleins der Skepsis,* kritisiert: »Die Pharmaindustrie und die Fachärzte haben ein Interesse daran, bestimmte Medikamente und Behandlungen zu verkaufen. Das ist soweit legitim. Es geht aber an die Grenze des Juristischen, wenn in Aufklärungsbroschüren der Vorteil einer Behandlung in relativen Risiken, das sind die großen Zahlen, und der Nachteil im nächsten Satz in absoluten Risiken, das sind die kleinen Zahlen, angegeben werden. Das ist ganz klar gezielte Manipulierung.«

Rolle rückwärts

Der großangelegte Test der Women's Health Initiative an sechzehntausend Frauen erschütterte nach der Veröffentlichung im Juli 2002 den Glauben an die Unbedenklichkeit der Hormonersatztherapie. Günter Stock, Forschungsvorstand der Schering AG: »Erhöhtes Brustkrebsrisiko, das war der kritische Satz, auf den die ganze Welt aufgesprungen ist.«

Bis 2002 hatten die Gynäkologen ihren Patientinnen in den Wechseljahren großzügig und unbedenklich Hormone verschrieben. Die Frauen nahmen die Mittel gegen Hitzewallungen und Knochenbröseligkeit (Osteoporose) und zum Erhalt ihrer Spannkraft. Niemand empfand es als peinlich, wenn eine Frau ausplauderte, sie greife zu Hormonen. Das war so selbstverständlich wie das Haarefärben.

In Deutschland verordneten die Ärzte in den neunziger Jahren pro Quartal zweihundertachtunddreißig Millionen Tagesdosen. Das reichte für zwei Millionen sechshunderttausend Frauen. Wenige Monate nach der Veröffentlichung der Studie waren es noch einhundertsechsundsechzig Millionen Tagesdosen für eine Millionen achthunderttausend Frauen. Für achthunderttausend Pillenschluckerinnen war Hormonersatz wohl eine leicht verzichtbare Lifestyle-Medizin gewesen.

Die wissenschaftliche Aufarbeitung der Story entzweit bis heute die Gynäkologen in aller Welt. Wie war es möglich, dass eine offenbar anfechtbare Therapie fünfzig Jahre lang von Ärztekoryphäen gelobt, auf Kongressen hoch gehandelt und als völlig unbedenklich und hilfreich klassifiziert worden war? Wieso wurden einige negative Studien als »vertraulich« eingestuft und nicht veröffentlicht?

Verwirrung und Unsicherheit sind nicht zu Ende. Die Verfasser der Studie ruderten inzwischen wieder ein Stück zurück und empfahlen sogar die Einnahme von Hormonen bei starken Beschwerden. »Hormon-Hü-&-Hott« war der Kommentar der Illustrierten *Bunte*. Die Redaktion des Blattes war ratlos. Sollte sie sich auf die Seite der Gegner oder der Befürworter schlagen? Wem konnte sie glauben?

Der Streit dürfte sich noch jahrelang hinziehen. Ein Ergebnis steht bereits fest: Der Ruf klinischer Studien hat schwer gelitten. Es gibt offensichtlich mehr als eine Wahrheit.

Es hängt für die Pharmakonzerne wirtschaftlich so ungeheuer viel von Studienergebnissen ab, dass sie Engel sein müssten, wenn sie auf jede Einflussnahme verzichten würden. Sie sind keine Engel.

Manipulation mit Augenmaß

»Trau keiner Studie, die du nicht selbst gefälscht hast«, ist ein bekannter Medizinerwitz. Sicher stimmt: Was zum Schluss bei einer Studie herauskommt, hängt entscheidend davon ab, was vorne hineingegeben wird. Von den Möglichkeiten, die Daten klinischer Studien so lange zu schütteln, bis das Ergebnis passt, sind das die drei wichtigsten:

- *Die Auswahl der Testpersonen.* Ein Wirkstoff, getestet an Asiaten, führt zu anderen Resultaten als bei der Erprobung an Europäern. Junge sportliche Frauen reagieren anders als behäbige Damen. Sogar der Bildungsstand korreliert mit dem Testergebnis. In klinische Studien – so ein massiver Vorwurf – werden bevorzugt Patienten aufgenommen, bei denen seltener mit Nebenwirkungen zu rechnen ist. Das schönt das Ergebnis. Zum Beispiel mehrheitlich Frauen unter 50, obwohl das Medikament vor allem 60- und 70jährigen gegeben wird.
- *Dauer einer Studie.* »Die Ergebnisse der Women's Health Initiative hätten nach einem weiteren Jahr ganz anders aussehen können«, kritisiert Schering-Vorstand Stock den Glauben an die Eindeutigkeit des Resultats. Der gewählte Zeitraum spielt immer eine Rolle. Teilnehmer brechen ab oder sterben an einer anderen Krankheit. Das alles geht in die Studienstatistik ein.
- *Die Festlegung des Endpunktes.* Ein Arzneimittel wird daraufhin getestet, wie gut es einen oder zwei vorab vereinbarte Endpunkte erreicht. Es ist möglich, dass ein Medikament bei einer klinischen Prüfung hervorragend abschneidet. Es hat den Endpunkt optimal getroffen. Trotzdem ist es sein Geld nicht wert, weil der Endpunkt

für den Krankheitsverlauf nicht relevant ist. Beispiel: Ein Medikament trifft den Endpunkt Senkung des Bluthochdrucks zielgenau. Das Resultat ist aber nicht wirklich wichtig. Ein Bluthochdruckmittel muss die Sterblichkeitsrate mindern. Darauf kommt es an.

Die große Versuchung

Arzneimittelkonzerne weisen Manipulationsvorwürfe kategorisch zurück. Sie schieben die Ethikkommissionen vor. Das sind mit Ärzten, einem Juristen und einem Laien besetzte wissenschaftliche Gremien, die alle Einzelheiten klinischer Studien genehmigen müssen. Sie kontrollieren zum Beispiel die Auswahl der Patienten, die Dosierung des Wirkstoffs oder die Bedingungen eines Studienstopps. Auch eine Behörde prüft die Unterlagen. In Deutschland wird das vom Bundesinstitut für Arzneimittel und Medizinprodukte in Bonn übernommen.

Doch die Statistik spricht gegen die Nichteinmischungs-These der Pharmamultis: Wenn Arzneimittelhersteller eine Studie in Auftrag geben, fällt das Ergebnis viermal häufiger positiv aus als bei der Finanzierung durch ein Forschungsinstitut.

Eine eindrucksvolle Lehrstunde sind internationale Fachärztetreffen. Auf dem Kongress der Europäischen Gesellschaft für Urologie in Wien im März 2004 stellten drei Professoren ihre Studien zur Wirksamkeit der Potenzmittel Cialis, Levitra und Viagra vor. Das Trio bot ein seltsames Schauspiel. Jeder Professor wies die Überlegenheit seiner Sexpille nach. Es war nur jeweils eine andere. Das widersprüchliche Potenzwunder lässt sich leicht erklären. Jeder Professor hatte seine Studie so angelegt, dass der Auftraggeber punkten konnte. Referenten mit einer vorgefassten Meinung heißen in der Branche treffend »Mietmäuler«.

Bestechung? Lüge? Gegen solche Vorwürfe würden sich die drei Professoren entschieden verwehren. Das Wort »Biegsamkeit« passt besser.

Studien fördern und vernichten Karrieren. Der projektverantwortliche Arzt einer internationalen Studie, auf deren Ergebnisse die medizinische Welt gespannt wartet, kann in den anerkannten Fachzeitungen *nature* oder *Lancet* publizieren. Betritt er das Podium auf einem Fachkongress, gehört ihm die ungeteilte Aufmerksamkeit. Er erobert sich einen Platz im engen Kreis der weltweit anerkannten Spezialisten. Ein Professor wird also vieles für einen Pharmakonzern möglich machen, damit seine Klinik auch beim nächsten Mal als Prüfzentrum Berücksichtigung findet.

Das hat auch ökonomische Vorteile. Wenn an einer Klinik eine Studie läuft, bezahlt der Arzneimittelhersteller die Tagessätze und alle Untersuchungen der Testpatienten. Sie sprengen das übliche Maß. Der Arzt kann seine Apparate großzügig benutzen.

Der Pharmakonzern finanziert vielleicht generös auch noch eine oder zwei Assistentenstellen. Bei dem engen Stellenplan in den Kliniken ist das komfortabel und nach kurzer Gewöhnung schier unverzichtbar. Welche Verpflichtungen die forschenden Ärzte dabei eingehen, wird selten bekannt.

Entsprechend kritisch reagiert die Öffentlichkeit, wenn sich Mediziner dem Verdacht aussetzen, willfährige Helfer zu sein. Eine gemeinsame Empfehlung des angesehenen amerikanischen National Heart, Lung and Blood Institute und der Nationalen Amerikanischen Herzgesellschaft am 12. Juli 2004 sorgte in den Vereinigten Staaten für einen Eklat.

Die beteiligten Forscher hatten mit der vollen Autorität dieser hehren Institutionen empfohlen, die Grenzen für die Einnahme cholesterinsenkender Mittel herabzusetzen. Solche Vorschläge beeinflussen Millionen Menschen in ihrem Verhalten. Auch in Deutschland. Die Empfehlungen werden in allen wichtigen Fachzeitschriften veröffentlicht.

Erst nachträglich kam heraus, dass acht der neun Ärzte, die das Gutachten unterschrieben hatten, für die Hersteller mit der Durchführung klinischer Studien betraut gewesen waren.

Selbst wenn die Gutachter ihre Interessenkonflikte offenlegen, ist die Wirkung ihrer Empfehlungen nicht aus der Welt. US-Onkologen der einflussreichen American Society of Clinical Oncology gaben im November 2004 besonders industriefreundliche Leitlinien für die Behandlung des Mammakarzinoms bei Frauen heraus. Wenn die Empfehlung auch von den deutschen Krankenkassen übernommen wird, ist das mit einer deutlichen Verteuerung der Behandlung verbunden. Die Kosten für die Tagestherapie der empfohlenen Medikamente liegen bei mehr als 7 Euro. Das bisher gebräuchliche Mittel, ein Generikum, kostet 24 Cent pro Tag.

Einige der Onkologen waren als Berater tätig, haben Honorare oder Forschungsgelder erhalten und/oder wurden durch Gutachten entlohnt.

Schweigen ist Betrug

Ein noch gefährlicheres Manöver als das Austeilen von Gefälligkeiten ist das Zurückhalten unvorteilhafter Studienergebnisse.

Der New Yorker Generalstaatsanwalt Eliot Spitzer war der erste, der das Thema gerichtsnotorisch machte. Im Sommer

2004 erhob Spitzer Anklage gegen den zweitgrößten Pillenkonzern der Welt, GlaxoSmithKline, wegen »wiederholten und fortgesetzten Betrugs«.
Sein Vorwurf: GlaxoSmithKline habe seit 1998 Ergebnisse aus vier klinischen Studien über zweifelhafte Wirkungen des Antidepressionsmittels Paxil bei Kindern unterdrückt. In einem vertraulichen Papier habe die Firma die eigenen Mitarbeiter angewiesen, »die Verbreitung der Daten effektiv zu handhaben, um negative kommerzielle Auswirkungen zu minimieren«. Obwohl die Studien zeigten, dass das Medikament bei Kindern nicht besser half als Zuckerpillen, warb das Unternehmen laut Anklageschrift für Paxil mit Eigenschaften wie »bemerkenswerte Wirksamkeit und Sicherheit«.
Spitzer ist für Pharmamanager in den Vereinigten Staaten ein rotes Tuch. Der Jurist donnert und blitzt in regelmäßigen Abständen gegen marktschädigendes Verhalten der Pillenmultis. Meistens mit Erfolg. Auch in diesem Fall. Der Vorstand von GlaxoSmithKline wollte den Skandal möglichst klein halten und zeigte tätige Reue. Forschungschef Tadataka Yamada hat veranlasst, dass seine Studien über zugelassene Arzneimittel im Internet veröffentlicht werden. Tests über Wirkstoffe, die es nicht bis zur Marktreife schaffen, bleiben weiterhin unter Verschluss.

GlaxoSmithKline ist beileibe kein Einzeltäter:

- Eine amerikanisch-kanadische Arbeitsgruppe vom Dana-Farber-Krebsinstitut in Boston verfolgte das Schicksal von mehr als fünfhundert Krebsstudien der Phase 3 (Prüfung der Wirksamkeit), welche Wissenschaftler auf Tagungen der berühmten American Society of Clinical Oncology mit großem Tamtam vorgestellt hatten. Bei mehr als einem

Viertel der Studien wurden die Endergebnisse später nie veröffentlicht.

- Die Mitglieder der Ethikkommission an der Hospital Clinic in Barcelona beobachteten, dass in vier Jahren nur ein Drittel der genehmigten Studien in Fachzeitschriften publiziert oder auf Kongressen präsentiert worden waren.
- Eine britisch-dänische Gruppe prüfte Anmeldeunterlagen für Studien an Patienten, denen dänische Ethikkommissionen 1994 und 1995 zugestimmt hatten. Sie verglichen die im Protokoll gesetzten Ziele mit den Angaben in den Publikationen. Ergebnis: Beim Abdruck waren die Hälfte der ursprünglich geplanten Angaben über Wirkungen und zwei Drittel der Daten über Nebenwirkungen entfallen.

Inzwischen verlangen zahlreiche Initiativen eine weltweite Registerpflicht, damit sich Projekte nicht mehr in Luft auflösen können. »Wir brauchen dringend politische Vorgaben, welche die Publikation von allen Daten der Arzneimittelstudien obligatorisch machen. Der bisherige Zustand ist grotesk. Es werden unendlich viele Ergebnisse vergraben, weil sie den Firmen nicht gefallen«, erklärte Heiner Berthold, Geschäftsführer der Arzneimittelkommission der Deutschen Ärzteschaft nach der Rücknahme des Rheumamittels Vioxx durch den Hersteller Merck.

Die fragwürdigen Praktiken haben nämlich gravierende Folgen. »Die selektive Publikation von Studienergebnissen führt immer wieder dazu, dass Patienten zu lange mit nutzlosen oder gar gefährlichen Therapien behandelt werden«, kritisiert das Deutsche Cochrane-Zentrum in Freiburg.

Cochrane ist eine internationale Stiftung von hohem Ansehen. Sie sammelt alle veröffentlichten klinischen Studien, bewertet sie kritisch und fasst die Resultate des aktuellen Wissens zu-

sammen. Doch viele Fragen, die den Pharmakonzernen unangenehm sein könnten, werden gar nicht erst gestellt.
Die Pharmaunternehmen finanzieren weltweit rund 80 Prozent der klinischen Studien. Sie haben damit ein Auftrags- und ein Wissensmonopol.
Die Forschungs- und Gesundheitsminister dieser Welt stört das leider herzlich wenig. Sie verweisen auf ihre finanzielle Enge. Für klinische Studien stehen öffentliche Mittel nur in homöopathischen Dosen zur Verfügung. Eine Handvoll privater Stiftungen und kleinere Forschungsbudgets staatlicher Gesundheitsbehörden bedeuten keinen Systemwechsel. Sie sind ein Feigenblatt.
Unter diesen Voraussetzungen ist die interessenfreie klinische Prüfung eine Schimäre.

11 Zulassung – Das Herz- und Schmerzkomplott

Auf der Visitenkarte von Dr. Sabine Haubenreisser steht ein ellenlanger Titel. Die attraktive Blondine ist bei der europäischen Zulassungsbehörde EMEA als »Specialised group leader pharmacovigilance and post-authorisation safety & efficacy of human medicines« beschäftigt. Kurz gesagt: als Gralshüterin.

Die Pharmafrau mit dem selbstsicheren Lächeln einer unentbehrlichen Fachkraft betreut Medikamente nach ihrer Zulassung, wie Eltern ihre Kinder nach dem Schulabschluss im Auge behalten. Allerdings ist die Zuwendung von Sabine Haubenreisser zwingend und systematisch. Die Fürsorgepflicht der EMEA für ein Arzneimittel endet erst, wenn es aus dem Markt genommen wird. Das kann bei guten Präparaten Jahrzehnte dauern.

Zu Frau Haubenreissers Pflichten gehört nach eigener Auskunft die »genaueste« Kontrolle der Beipackzettel. Bei fünf verschiedenen Darreichungsformen und fünf Stärken kann der Text pro Sprache und Arzneimittel bis zu einhundert Seiten füllen. Seit der EU-Erweiterung im Mai 2004 sind in babylonischer Vielfalt neunzehn Sprachen zu bedienen. Macht in der Summe bis zu eintausendneunhundert Seiten.

Der Wortlaut, der dann sorgfältig übersetzt feststeht, suggeriert Kranken Vollständigkeit und Perfektion. Doch das Team mag sich noch so plagen, die Verwechselbarkeit vom falschem Schein und echtem Sein liegt hier ganz nahe beieinander. Die einlullende Genauigkeit und abschreckende Ausführlichkeit der Texte, die »Augen, Ohr, Innenohr, Atemwege, Herz, Verdauungstrakt, Muskeln, Skelett, Nieren, Stoffwechsel, psychische Störungen, Nervensystem, Fortpflanzungsorgane« und noch einiges mehr abhandeln, was zum menschlichen Körper gehört, machen Patienten fatalistisch. Sie schlucken ihr Medikament, ohne zu hinterfragen, ob es ihnen langfristig mehr nützt als schadet: Fragen Sie doch Ihren Arzt oder Ihren Apotheker!

Das Dilemma kann böse Folgen haben. Die aufsehenerregende Rücknahme des Blockbusters Vioxx durch den US-Hersteller Merck am 30. September 2004 hat die Öffentlichkeit alarmiert. Die Patienteninformation entsprach der Norm: vier Seiten Kleingedrucktes. Aber kein Vioxx-Verwender kam auf die Idee, dass die Einnahme des Schmerzmittels zwar seine Rheumabeschwerden lindern, jedoch gleichzeitig seinem Herzen gefährlich werden könnte. In Deutschland belegte Vioxx unter den meistverschriebenen Arzneimitteln den sechsten Platz.

Die deutsche Tochtergesellschaft Merck Sharp & Dohme verschärfte nach eigenen Angaben den Inhalt des Beipackzettels innerhalb von fünf Jahren zehnmal. Seit 2001 enthielt er auch Hinweise auf kardiologische Komplikationen. Aber die Warnungen waren nicht auffällig genug plaziert und nicht drastisch genug formuliert. Es fehlten schrille SOS-Zeichen wie zum Beispiel eine Black Box, die auf amerikanischen Beipackzetteln bei kritischen Nebenwirkungen zur Vorsicht gemahnt.

Oder ein Extrazettel mit Warnhinweisen, wie er in Europa bei Problemfällen den Medikamentenpackungen beigelegt werden muss.
In den USA konnte Merck die tollsten Werbesprüche per TV verbreiten. Die FDA, neben den National Institutes of Health die zweite mächtige Hüterin der Gesundheit aller Amerikaner, griff nicht ein. Die Spots machten die Verbraucher erst richtig Vioxx-süchtig. Europa als werbefreie Zone für verschreibungspflichtige Medikamente hatte es da besser.

Die mit der Macht spielen

Mit seiner Werbeschlacht stemmte sich der Vioxx-Hersteller nach Kräften gegen seinen Erzfeind Pfizer – ein Konkurrenzkampf, ausgetragen mit der Gefechtswaffe Arzneimittel.
Merck war bis in die neunziger Jahre die unangefochtene Nummer eins auf dem Weltpharmamarkt. Die Firma genoss einen exzellenten wissenschaftlichen Ruf. Ihre Integrität stand nie in Frage – bis Verfolger Pfizer mit aggressiven Methoden den Primus herausforderte. Gerade die Pfizer-Leute sind als hemdsärmelige und zu wenig Rücksicht neigende Burschen berüchtigt. Merck verließ in der Hatz subtiler Quälereien das Glück. Einige vielversprechende Wirkstoffentwicklungen mussten die Forscher in der klinischen Prüfung anhalten. Bei Merck Schlappen, bei Pfizer Wachstum – ein bitterer Befund.
Das Merck-Management verteidigte verbissen seine Schätze. Einer davon war Vioxx mit 2,5 Milliarden Dollar Jahresumsatz. Das direkte Wettbewerbsprodukt ist Celebrex, schafft 3,3 Milliarden Dollar Umsatz und kommt von Pfizer. Trotzig wollte Merck dem Konkurrenten den Milliardenmarkt

nicht allein überlassen, sondern die Zeit überstehen, bis Arcoxia zugelassen war. Das ist das Vioxx-Nachfolgeprodukt von Merck. Arcoxia soll die gefährlichen Nebenwirkungen nicht mehr haben.

Alarmierende Ergebnisse einer neuen Langzeitstudie über Herzbeschwerden mit Todesfolge bremsten die Taktiker aus. Merck musste den weltweiten Verkaufsschlager freiwillig vom Markt nehmen. Die peinliche und noch viel schlimmere Alternative wäre eine Anordnung durch die Zulassungsbehörden gewesen.

Pfizer nutzte sofort die Situation aus. Intern verteilte das Unternehmen an seine Pharmareferenten in Deutschland ein Memo, wie sie Mediziner von den Wohltaten der Pfizer-Pille überzeugen können.

Etwas mehr Zurückhaltung hätte dem Konzern gut angestanden. Frau Haubenreissers Abteilung hat Celebrex unter strenger Beobachtung. »Experten halten die Kampagne für unverantwortlich, da die Vioxx-Risiken auch für die Pfizer-Produkte gelten könnten«, fasste das Magazin *Der Spiegel* das Meinungsbild zusammen. Die Zeitung zitierte außerdem einen Berliner Arzt über den bizarren Corpsgeist der Pillenbranche: »Da herrscht eine Mentalität wie bei Leichenfledderern.«

Die Fassade blättert

In den USA wurde umgehend eine Regierungskommission zur Untersuchung des Vioxx-Skandals eingesetzt. In Großbritannien, dem europäischen Referenzland für die Zulassung von Vioxx, arrangierten Parlamentarier eine Anhörung mit Sachverständigen und Ärzten. Sie erhielten eine Lehrstunde über eine Industrie, die den Profit über die Sicherheit der Patienten stellt. Merck-intern waren die Risiken des Mittels offenbar lange bekannt.

»Diese Story handelt von aggressivem Marketing durch Merck plus Anfällen von Selbstzufriedenheit bei den Zulassungsbehörden. Ohne eine wachsamere Behörde werden die Ärzte in die Irre geleitet und Patienten gefährdet«, prangerte die weltweit anerkannte Fachzeitung *Lancet* an. »Wir haben es hier mit einem groben Versagen von Pharmaunternehmen und Kontrollbehörden zu tun«, konstatierte Peter Sawicki, Leiter des deutschen Instituts für Qualität im Gesundheitswesen.

Inzwischen sind einige hundert Klagen von Vioxx-Patienten gegen Merck bei den Gerichten eingegangen. Aufwendige Prozesse werden die genauen Umstände der Casa Vioxx aufdecken. Mit einem Aufmarsch der teuersten Anwälte und Sachverständigen ist zu rechnen.

Allenfalls Indizien

Mehrere schwarze Flecken der gerichtlichen Enthüllungen werden mit Sicherheit auch an den Zulassungsbehörden hängenbleiben. Sie haben entweder geschlampt, gekonnt ein Auge zugedrückt, oder die Abläufe stimmen nicht. Skeptische Stellungnahmen einzelner FDA-Mitarbeiter über den Schweregrad der Nebenwirkungen von Vioxx blieben folgenlos.

In der Tragödie fehlen aber die eindeutigen Gauner, die erkannt und abgeführt werden können, weil sie das Vioxx-Riesenrad nicht frühzeitiger anhielten. Immerhin war das Medikament seit 1999 auf dem Markt.

War vielleicht Bestechung im Spiel? Fehlanzeige. FDA und EMEA sind vermintes Gelände. Spektakuläre Korruptionsfälle

wurden bisher bei keiner Zulassungsbehörde aufgedeckt. Ein Hersteller, welcher der offenen Scheckbuch-Strategie überführt würde, bekäme vermutlich nie mehr ein Medikament durch die Ämter.
Trotzdem ist etwas faul im Staate. Das Phänomen klingt furchtbar banal und kann gar nicht unter Strafe gestellt werden. Die Folgen erscheinen aber keineswegs harmlos: Die Pharmazeuten sind ein verschworener Klüngel.
Die Mitarbeiter der Zulassungsbehörden kommen nicht aus Terra incognita. Es sind richtig gute Fachleute. Sie wechseln meistens aus der Industrie in das öffentliche Amt und wollen nach einigen Jahren ihre Karriere in einem Pharmakonzern fortsetzen. Sie pflegen mit ihren Ex-Kollegen in den Unternehmen freundschaftlichen Kontakt. Weiterhin binden FDA und EMEA wissenschaftliche Experten aus Universitäten und Instituten in ihre Entscheidungsprozesse ein. Dreitausendfünfhundert Sachverständige sind es in Europa; eine Zahl, auf die die EMEA stolz ist.
Diese Wissenschaftler sind verpflichtet, vor ihrer Mitarbeit mögliche Interessenkonflikte offenzulegen. Auch wenn nichts Konkretes vorliegt: die Spezialisten an der Spitze des Fortschritts sind ein kleiner Kreis, untereinander bekannt wie die Damen eines Bridgeclubs und in dieselben Institutionen und Abläufe eingebunden. Alle raunen, alle hoffen, viele kungeln. Es genügt für die Pharmafirmen, die Bälle bisweilen rollen zu lassen, wohin sie wollen. Derjenige, der den Ball aufnimmt, weiß, was er zu tun hat. »Standards der Industrie fließen in den Zulassungsprozess ein, und die Behörden sind zu sehr in Habachtstellung, diese Standards zu tolerieren«, analysiert *Lancet* unerbittlich das Gespinst persönlicher Netzwerke.
Schon während der Entwicklung eines Wirkstoffs nehmen Pharmaunternehmen und Behörde miteinander Kontakt auf.

Das ist ausdrücklich erwünscht und nützlich, weil die Zulassungsreferenten rechtzeitig ihre Vorstellungen einbringen können. Es schafft allerdings auch Nähe.
Sogar Geld ist im Spiel – ganz offiziell, denn die Unternehmen müssen für ihre Zulassung hohe Summen bezahlen. Ein Beispiel: Hersteller Schwarz Pharma bekam für die Prüfung seines Wirkstoffpflasters Neupro gegen Parkinson von der FDA eine Rechnung über 575000 Dollar und von der EMEA über 355000 Euro. Solche Beträge sind üblich. Die Hälfte des EMEA-Geldes erhalten die Rapporteure.
Das hat Konsequenzen: Die nationalen Zulassungsbehörden in Europa stehen untereinander im Wettbewerb um die Gunst der Pharmafirmen. Es geht um Aufträge und damit verbunden um die Finanzen und das Ansehen jeder einzelnen Institution. Wer der Darling bleiben will, wird sich geschmeidig zeigen.
In den USA ist die Finanzierung der FDA durch die Gebühren der Pharmaunternehmen höchst umstritten. »Die Zulassungsbehörde«, kritisiert Professor Jerry Avorn von der Harvard Medical School, »begreift die Pharmafirmen als ihre Kunden. Das sollten aber die Bürger der Vereinigten Staaten sein.« In Europa regt sich niemand darüber auf. Wer weiß es überhaupt? Und leider: Wer interessiert sich dafür? Nur Fachleute fordern dringend mehr EU-Mittel für eine freiere EMEA.

Unter Kontrolle

Es ist naiv, zu glauben, Zulassungsbehörden fühlten sich wie wissenschaftliche Institute nur der reinen Lehre verpflichtet und die Patienten könnten allen Entscheidungen blind vertrauen. Nein, es läuft anders. EMEA und FDA sind perfekt an den

Zeitgeist angepasste Apparate. Mal sind sie strenger, mal ist die weiche Welle gefragt. Ihre obersten Dienstherren sind politische Institutionen. Es sind das Bundesgesundheitsministerium, die EU-Kommission oder die amerikanische Regierung. Alle mischen sich ein.

Gute Besserung

Eine Weltzulassung für Arzneimittel ist eine Vision. Drei verschiedene Behörden kümmern sich um die drei großen Märkte Europa, Japan und USA. Es sind die FDA (Food and Drug Administration) in Washington, die EMEA (European Medicines Agency) in London und das Medical Devices Evaluation Center in Tokio. Andere Länder wie zum Beispiel Australien oder Indien haben ihre eigenen Institutionen.

In Europa hat eine Pharmafirma außerdem die Möglichkeit, zu einer nationalen Behörde zu gehen. In einem gegenseitigen Anerkennungsverfahren (Mutual Recognition Procedure) übernehmen alle EU-Mitglieder die Entscheidung des Referenzlandes eins zu eins oder mit wenigen Ergänzungen. Für altbekannte Mittel, die wegen geänderter Voraussetzungen in Deutschland neu zugelassen werden müssen, ist der Weg über das Bonner Bundesinstitut für Arzneimittel und Medizinprodukte (BfArM) vorgeschrieben.

Bei Innovationen geht der Trend klar zur zentralen Zulassung. Die EMEA ist allein zuständig für alle biotechnologisch hergestellten Wirkstoffe, ab November 2005 auch für Mittel gegen Aids, Alzheimer, Diabetes und Krebs.

Zeit: An dem Tag, an dem ein Pharmaunternehmen seine Zulassungsunterlagen in London abliefert, fährt ein Lastwagen mit Anhänger vor. Es werden mehrere hundert Ordner abgeladen. Sie enthalten vor allem klinische Daten. Die FDA akzeptiert das Material inzwischen auf einem Laptop.
Jedes Medikament muss drei Kriterien erfüllen: »Qualität, Wirksamkeit und Unbedenklichkeit.« Für die Prüfung hat die EMEA zweihundertzehn Tage Zeit. Bei den nationalen Ämtern blieben häufig Unterlagen lange liegen. Das soll die europäische Behörde besser machen. Nach ungefähr einhundertzwanzig Tagen wird die Uhr angehalten. Der Hersteller hat drei Monate lang die Möglichkeit, Dokumente nachzuliefern und offene Fragen zu beantworten. Danach läuft die Uhr weiter bis zum zweihundertzehnten Tag. Ein zweiter Stopp ist möglich.
Es dauert dann weitere neunzig Tage, bis die EU-Kommission eine Zulassung veröffentlicht und damit in Kraft setzt. Die Preise eines Medikaments spielen bei der Entscheidung, ob es auf den Markt kommt, keine Rolle. In den meisten EU-Staaten sind zusätzlich Verhandlungen über Preise und die Erstattung durch die Krankenkassen notwendig.

Ort: Die EMEA ist mit 360 Mitarbeitern spärlich besetzt. Da ist nicht genug Sachverstand beieinander, um alle Anträge professionell zu prüfen. Zwei nationale Zulassungsbehörden assistieren. Sie heißen »Rapporteur« und »Co-Rapporteur«. Die Pharmafirma darf Wünsche äußern, welches Amt ihr am liebsten ist. In der Regel wird einer der Vorschläge erfüllt. Die Niederlande und Schweden sind besonders beliebt. Die deutsche Behörde zählt nicht zu den Favoriten.

Bei dem wissenschaftlichen Sekretariat der EMEA verbleiben die Koordination und die Federführung des Verfahrens. Die Entscheidung trifft das Komitee für Humanmedizin (»Committee for Medical Products for Human Use«) mit dem stotternahen Kürzel CHMP. Es kommt monatlich einmal in London zusammen und trifft mehrheitlich die Entscheidung, ob und für welche Indikation ein Medikament freigegeben wird. Jeder Platz im großen EMEA-Sitzungssaal verfügt über drei Knöpfe: Einen für »yes«, einen für »no«, der dritte ist für eine Wortmeldung reserviert.

Proporz: Jeder der fünfundzwanzig EU-Mitgliedsstaaten entsendet einen Vertreter in die CHMP-Expertenrunde. Nationale Interessen gehen vor Sachverstand. Die Behörde hat zum Beispiel nicht das Recht, zwei besonders kompetente Experten eines Landes zu berufen und dafür einen anderen Staat auszulassen. Jedes Land bekommt seinen Sitz. Ein Vertreter aus Island, ein weiterer aus Norwegen und fünf Experten für Impfstoffe und Blutprodukte sind ebenfalls stimmberechtigt. Teilnehmer aus der Schweiz fehlen. Das Land ist weder Mitglied der EU noch des Europäischen Wirtschaftsraumabkommens. Die drei eidgenössischen Pharmahersteller Novartis, Roche und Serono stellen aber eifrig europäische Zulassungsanträge.
Häufig wird die Zulassung zunächst für eine engbegrenzte Anwendung und Dosierung erteilt oder in Kombination mit anderen Therapien. Ärzte und Pharmahersteller sind gehalten, die Vorschriften streng zu befolgen. Der »off label«-Gebrauch von Medikamenten, also eine breitere Anwendung, kommt trotzdem in der medizinischen Praxis häufig vor.
Die Behörde hat auch die Möglichkeit, eine »bedingte Zulassung« für ein Jahr zu erteilen. Das verpflichtet den

Antragsteller zu weiteren Studien. Zehn Jahre nach der Zulassung dürfen die Generikahersteller Nachahmerprodukte herstellen und verkaufen. Bei der nationalen Zulassung schon nach acht Jahren. Die längere Frist ist ein großer Anreiz, nach London zu gehen.
Ein zweites EMEA-Komitee kümmert sich um die Zulassung von Tiermedikamenten (»Committee for Medicinal Products for Veterinary Use«). Seit 2001 gibt es außerdem einen Ausschuss für Arzneimittel für seltene Leiden und seit 2004 einen Ausschuss für pflanzliche Arzneimittel. Seit Gründung der Behörde 1996 bis Ende 2004 stimmten die EMEA-Experten zweihundertzweiundneunzigmal für eine Zulassung, siebenmal dagegen. Die Veterinäre sagten dreiundvierzigmal »ja« und dreimal »nein«.

Privileg: Die Entwicklung von Medikamenten für seltene Krankheiten ist heute ein öffentliches Anliegen. Die USA ergriffen 1983 die Initiative, Japan folgte 1993, die EU im April 2000. Bis dahin hatten die Unternehmen kein Interesse an Wirkstoffen für Minderheiten. Sie heißen entlarvend »Orphan Drugs«, übersetzt: »Waisen-Medikamente.« Der Staat beteiligt sich oft an den Entwicklungskosten und garantiert in Europa ein exklusives Vermarktungsrecht für zehn Jahre. Eine seltene Krankheit kommt nach der Definition höchstens bei fünf von zehntausend Menschen vor. Zweihundertachtundzwanzig Medikamente bekamen bisher in Europa den begehrten Status.

Geld: Die EMEA finanziert ihren 96,6-Millionen-Euro-Haushalt (2004) zu mehr als zwei Dritteln aus Gebühren der Industrie. Ein Drittel kommt aus verschiedenen EU-Töpfen.

Sobald die Zahl der Zulassungsanträge für neue Medikamente zurückgeht, hagelt es öffentliche Rüffel. EMEA-Chef Thomas Lönngren aus Schweden blickt aus dem Fenster seines Büros auf die glitzernde Themse und macht sich klein: »Natürlich müssen wir uns dann fragen, welchen Anteil wir daran tragen. Legen wir vielleicht die Hürden zu hoch?«

Die Pharmakonzerne verlangen zwar hohe Sicherheits- und Wirksamkeitsstandards bei der Zulassung. Wenn die Prüfkriterien zu lasch sind, verlieren die Patienten das Vertrauen zu den evidenzgeprüften Arzneimitteln und rennen den Heilpraktikern die Türen ein. »Jedes Jahr ein Vioxx-Skandal, und der Pharmaumsatz hängt so schlapp durch wie eine Fahne bei Windstille«, sorgt sich ein Pharmamanager. Aber so hoch, dass darunter ihr Geschäft leidet, sollen die Hürden natürlich auch nicht sein. Durch jeden verpassten Tag büßt der Hersteller bei einem Nischenprodukt 600 000 und bei einem Blockbuster 8 Millionen Dollar Umsatz ein. Wenn den Managern eine Entscheidung quergeht, sind sie daher schnell bei der Hand, gegen die EU-Kommission zu klagen oder sogar vor den Europäischen Gerichtshof zu ziehen. Keine Zulassungsbehörde kann sich solcher Drohkulisse völlig entziehen.

Auch Patientenorganisationen greifen an. Die Aids-Lobby erzwang in den USA den Fast Track, ein abgekürztes Zulassungsverfahren vor Abschluss der klinischen Studien. Heute zieht die FDA innovative Krebsmittel, für die großer Bedarf besteht, nach dem Expressmodus durch. Auch der Pockenimpfstoff von Bavarian Nordic kommt in Amerika in den Genuss des Fast Track. Die EMEA wird ein schnelles, abgekürztes Verfahren Ende 2005 einführen.

Die beschleunigte Zulassung hat nach Meinung der Experten vielen Patienten das Leben gerettet oder es zumindest verlängert. Der Sturm, den die Vioxx-Affäre entfesselte, stärkte

wiederum die Partei der Tempogegner. Sie warnen vor abgekürzten Prüfungen im großen Stil.
Die Korrekturquote ist in den letzten Jahren in Amerika, wo die FDA angehalten ist, allgemein schneller abzufertigen, kräftig gestiegen. Anwendungsbreite und Dosierung von Medikamenten müssen häufiger nachträglich eingeschränkt werden, weil in der ärztlichen Praxis unerwartete Nebenwirkungen aufgetreten sind. Die EMEA ist eine junge Behörde. Hier gibt es keine Vergleichsmöglichkeit zwischen heute und früher.
Der niedrige Anteil von Innovationen am deutschen Verschreibungsvolumen ist nicht nur ökonomische Logik, weil die modernsten Medikamente so teuer sind. Die Ärzte sind vorsichtig geworden. Sie haben in den letzten Jahren einige negative Überraschungen erlebt. Sie warten lieber ab, bis praktische Erfahrungen mit einem neuen Wirkstoff vorliegen.

Einstellungssache

Der Arzt Paracelsus prägte im 16. Jahrhundert den berühmten Satz: »Alle Medizinen sind Gifte; die richtige Dosis unterscheidet das Gift vom Heilmittel.«
Das total sichere Medikament, das nur Wohl tut und kein Weh zufügen kann, existiert bis heute nicht. Die Zulassungsbehörde muss die Balance zwischen Heilungschance und Risiko finden und die ziemlich schwierige Entscheidung treffen: Reichen die Daten, die zur Verfügung stehen, für eine fundierte Beurteilung aus? Spiros Vamvakas mit dem EMEA-typischen Bandwurmtitel »Principal Scientific Administrator Scientific Advice and Orphan Drugs Sector Pre-Authorisation Unit«, gehört zum wissenschaftlichen Stab der Behörde und erlebt

permanent, wie verdammt schwierig seine Arbeit sein kann. Es ist nicht wie eine Rentenberechnung, wo die Zahlen in den Computer eingegeben werden, und heraus kommt eine exakte Summe. »Sobald wir einem Menschen ein Medikament verabreichen, verlassen wir den festen Boden und begeben uns in das stressige Universum von Wahrscheinlichkeiten. Aus den klinischen Studien erfahren wir niemals alles über die Wirkung eines Wirkstoffs bei der Verabreichung an vielen Millionen Menschen«, warnt Vamvakas.

Wie würden Sie entscheiden?

Ein Medikament gegen Lungentumor verlängert das Leben eines von zehn krebskranken Patienten. Bei den neun anderen ist es unwirksam. Das wissen die Ärzte aus den klinischen Tests.

Soll dieses Medikament zugelassen werden? Mutige Prüfer drücken den Ja-Knopf. Begründung: Ohne das neue Arzneimittel sterben alle zehn Krebskranken mit hoher Wahrscheinlichkeit in kurzer Zeit. Wenigstens einer von ihnen soll die Chance haben, länger zu leben.

Die gewissenhafte Fraktion lehnt die Zulassung ab. Sie hält es für unangemessen, neun schwerkranke Patienten den zusätzlichen Belastungen und Nebenwirkungen des Medikaments wie Durchfall und Hautekzeme auszusetzen, ohne dass es ihnen irgend etwas bringt. Sie müssten die zusätzlichen Beeinträchtigungen in ihrem leidenden Zustand ertragen, um das Leben eines einzigen Patienten um einige Monate zu verlängern.

Der Zulassungsalltag strotzt daher vor Merkwürdigkeiten. Die FDA-Prüfer lassen manchmal Medikamente zu, welche die EMEA-Kollegen zurückweisen, und umgekehrt. Das hängt mit der heterogenen Ausbildung, der unterschiedlichen Erfahrung, dem Kulturkreis und dem Temperament der Prüfer zusammen. Sie können besondere Strenge walten lassen oder einen Problemfall durchwinken: je nachdem, ob ihnen die Wirkung am wichtigsten ist oder ob sie den Nebenwirkungen mehr Beachtung schenken.

Dieser große Ermessensspielraum ist das Einfallstor für die unsichtbar lenkende Hand der überall herumschwirrenden Pharmanetzwerker.

Die Japaner haben ein besonderes Sicherheitsbedürfnis. Sie lassen Arzneimittel mit starken Nebenwirkungen am schnellsten durchfallen.

Die hochkomplexe Kunst der Prüfung und Zulassung von Arzneimitteln ist trotzdem nicht nur Bauchgefühl. Es gibt Medikamente, gegen die so viele negative Daten vorliegen, dass sie niemand schönreden kann. Bei Vioxx wussten die Eingeweihten um das außerordentlich hohe Risiko. »Alle haben geahnt, dass es knallt«, schrieb der *Spiegel*.

Unerwünschte Nebenwirkung

Das angeschlagene Image der Pharmabranche erreichte nach dem Vioxx-Debakel neue Tiefstwerte. Für Merck ist die Situation besonders heikel. Der Aktienkurs knickte innerhalb von Stunden um rund ein Drittel ein. Die Börsianer sind auf Merck nicht mehr gut zu sprechen. Auf den Pharmakonzern rollen nach aller Erfahrung riesige Schadenersatzforderungen zu.

- Der Leverkusener Arzneimittelhersteller Bayer musste 2001 seinen Cholesterinsenker Lipobay wegen diverser Todesfälle aus dem Verkehr ziehen. Nach Aussagen des Vorstands war es die größte Katastrophe für Bayer seit Jahrzehnten – vielleicht sogar in der über hundertjährigen Unternehmensgeschichte. Noch sind die Akten nicht geschlossen. Bayer rechnet mit Schadenersatzzahlungen von etwa 1,3 Milliarden Euro. Der indirekte Schaden ist größer. Der Forschungs- und Entwicklungsetat wurde gestutzt, die Produktionsmannschaft ausgedünnt, die Zahl der Mitarbeiter in Marketing und Verkauf drastisch reduziert. Die Bayer-Pharmasparte erholte sich bis heute nicht von dem Desaster.
- Das US-Unternehmen Wyeth ging an der Rücknahme seines Schlankheitsmittels Fen-Phen in den neunziger Jahren beinahe pleite. Der Wyeth-Finanzchef hat bisher 13 Milliarden Dollar Schadenersatz bezahlt. Bis alles abgerechnet ist, kann sich die Summe auf 16,6 Milliarden Dollar erhöhen.
- Contergan mit dem Wirkstoff Thalidomid führte Ende der fünfziger Jahre zu katastrophalen Fehlbildungen bei Neugeborenen. Der Hersteller, die Arzneimittelfirma Grünenthal, hörte weg, schaute weg und wiegelte ab. Es entwickelte sich die größte Katastrophe in der Pharmazie. Nach einem Prozess wagte sich Grünenthal jahrzehntelang nicht mehr an die Öffentlichkeit und errichtete eine Stiftung für die Opfer. Die Affäre führte zu einer gründlichen Überarbeitung der Zulassungsprozesse. Heute ist Contergan in einigen Ländern unter restriktiven Bedingungen zum Beispiel für die Behandlung von Lepra wieder zugelassen. Aber es hat Jahre gedauert, bis sich die Branche von dem Contergan-Malus erholte.

Warum hat Merck nicht mehr Vorsicht walten lassen, nachdem bei Pharma-Rückrufaktionen soviel auf dem Spiel steht? Hat die Wut auf Pfizer die Führungskräfte blind gemacht? Das unselige Führungsverhalten ist unerklärlich wie die Gier mancher hochbezahlter Manager, die wegen einiger Freiflüge oder bezahlter Hotelzimmer ihren Job und ihr Ansehen aufs Spiel setzen.
Eine Lehre können Patienten daraus ziehen: »Vertrauen ist gut, Kontrolle ist besser«, hat einst der russische Revolutionär Lenin erkannt. Angewandt auf die Medizin müsste es heißen: »Vertrauen ist zwar gut, aber ein gesundes Misstrauen muss hinzukommen.«

12 Lobby – Immer den Fuß in der Tür

Es dauerte eine Weile, bis die Nachrichten über die kleinen Grausamkeiten der Gesundheitsreform 2004 in den Konzernzentralen der US-Pharmamultis angekommen waren. Dann folgte das große Donnerwetter. Die deutschen Geschäftsführer der US-Tochtergesellschaften wurden zum Rapport einbestellt. Die amerikanischen Chefs zeigten keinerlei Verständnis, dass ihre Statthalter das ungeliebte Gesetz nicht verhindert oder zumindest finanzielle Einbußen abgewendet hatten. Soviel Machtlosigkeit überstieg ihr Vorstellungsvermögen. »Haben Sie überhaupt keinen Einfluss?« war noch die harmloseste der abschätzigen Fragen.

Die Maßstäbe, was Manager und Unternehmer in der Politikgestaltung erreichen können, driften zwischen Europa und Amerika weit auseinander. Repräsentanten der US-Industrie sind es gewohnt, unangenehme Gesetzesvorhaben durch Lobbyarbeit vom Tisch zu wischen.

Wenn von der »mächtigen Pharmalobby« die Rede ist, sollte man zuerst an Amerika denken. Die Rüstungsbranche und die Pharmaindustrie haben in den letzten Jahrzehnten im Land der unbegrenzten Möglichkeiten knallhart fast alles bekommen, was sie wollten. In Deutschland und Europa dagegen läuft es weniger gut. Trotz intensiven Lobbyings bleibt zum Beispiel Fernsehwerbung für verschreibungspflichtige Medikamente in Europa verboten.

Das Bravourstück des US-Pharmaklüngels unter der Regierung Bush war die Verabschiedung von »Medicare«. Das ist ein Jahrhundertgesetz zur Versorgung älterer Amerikaner mit Medikamenten. Ab 2006 bekommen Senioren in den USA hohe Arzneimittelzuschüsse vom Staat. Das Congressional Budget Office (CBO), eine Art Bundesrechnungshof, veranschlagt die Medicare-Kosten über einen Zeitraum von zehn Jahren auf 400 Milliarden Dollar. Die Rechnung begleichen die Steuerzahler.

Investmentbanker rechnen mit 9 Prozent Umsatzsteigerung dank Medicare. Das entspricht circa 20 Milliarden Dollar im Jahr. Ein Konjunkturprogramm der ganz speziellen Art für die Pharmaindustrie.

Die Segnungen des Gesetzes reichen bis nach Deutschland. Die Geschäftsführungen von Altana in Bad Homburg bis zu Schering in Berlin reiben sich die Hände. Sie verkaufen zwischen 40 und 50 Prozent ihrer Mittel in den Vereinigten Staaten. Ihr Gejammer über die Verluste durch die deutsche Gesundheitsreform müsste in ihrem amerikanischen Freudengeheul untergehen. Ihre US-Tochtergesellschaften gehören zu den achtundvierzig Mitgliedern des einflussreichen US-Dachverbands »Pharmaceutical Research and Manufactures« (PhRMA). Auf der Einkommensliste von PhRMA stehen allein in Washington sechshundertfünfundsiebzig professionelle Meinungsmacher. Die meisten kommen aus der Politik. Sie kennen die richtigen Wandelgänge und wissen zudem die Medien trefflich für sich einzunehmen.

Geld steht für ihre diskrete Arbeit reichlich zur Verfügung. PhRMA hat ein opulentes Budget von 150 Millionen Dollar pro Jahr zur Verfügung. Die größten Ausgabenblöcke sind die Pflege der Beziehungen zu Abgeordneten, die gezielte Unterrichtung von Staatsbeamten, die Betreuung von Ärzteverbänden, Universitäten und wichtigen Gruppen des Gesundheits-

betriebs, die Klimapflege bei der Zulassungsbehörde FDA und bei den Medien.
»Wir vertreten unsere Interessen auf jede denkbare Weise, und wir gehen dabei auch Allianzen ein«, lautet die oft zitierte Parole der PhRMA-Präsidenten. Nach dem Prinzip: Eine Stimme macht einen Unterschied, viele Stimmen bedeuten einen Wechsel, verwöhnt PhRMA brauchbare Selbsthilfeorganisationen mit üppigen Sponsorengeldern. Die »Vereinigung älterer Mitbürger« (United Seniors Association) bekam während der Beratungen zu Medicare 3,1 Millionen Dollar überwiesen. Der Chef der Patientenorganisation, Charles Javis, stand früher in den Diensten von Ronald Reagan und George W. Bush.
Diese nackten Tatsachen verraten wenig von der hohen Kunst des Türenöffnens. Neben kleinen, vertraulichen Runden müssen Hunderte Empfänge, Zusammenkünfte, Golfturniere und kleine Essen arrangiert werden. Wer diese Events beobachtet, begreift schnell, dass feine Manieren allein noch keinen guten Lobbyisten ausmachen. Die Interessenvertreter müssen fachlich äußerst beschlagen sein und möglichst durch Argumente, nicht durch Geld bestechen. Das ist Lobbyismus im Gegensatz zur Korruption. Dass unzüchtige Anträge und korrekte Informationen häufig ineinander übergehen, weiß jeder Insider und eigentlich jeder Staatsanwalt.
Die K-Street, nur ein paar Häuserblocks vom Weißen Haus entfernt, ist die Drehscheibe der Lobbyisten. Hinter unspektakulären Fassaden entstehen hier ganz blauäugig die Blaupausen zur Bearbeitung von Regierung, Kongress und Entscheidungsträgern in der Verwaltung. Die Straße ist so sehr ein Synonym für Interessenpolitik geworden, dass der Schauspieler George Clooney und der Produzent Steven Soderbergh ihre Fernsehserie über echte und fiktive Lobbyisten nach ihr benannten. Damit relativiert man die Gefährlichkeit dieser

Lobbyisten und macht daraus schöne und harmlose Unterhaltung.
Für amerikanische Bürger ist es selbstverständlich, dass auch jedes Pharmaunternehmen als Fürsprecher eigener, egoistischer Interessen auftritt. Alle großen Arzneimittel- und Generikakonzerne haben Lobbyabteilungen. Sie tragen Namen wie »Öffentliche Angelegenheiten«. Sie kümmern sich darum, Leute an den Schalthebeln der Macht in ihr Vertrauen zu ziehen und ihre Konzernchefs als Gastredner auf wichtigen Veranstaltungen zu plazieren.
Die Pharma-Bosse gehören zu den wichtigsten Sponsoren der republikanischen Wahlkampfkassen. Die Demokraten sehen den Pillenherstellern traditionell kritischer auf die Finger und verlangen zum Beispiel die uneingeschränkte Freigabe von Kanada-Importarzneimitteln in den USA. Sie müssen sich ihr Geld anderswo beschaffen.
Nach dem Wahlkampffinanzierungsgesetz von 2002 war es Unternehmen und Gewerkschaften zwar nicht mehr erlaubt, Kandidaten oder Parteien zu unterstützen. Durch Schlupflöcher und Ausnahmen war der Präsidentschaftswahlkampf 2004 dennoch der teuerste der amerikanischen Geschichte. Auch für Privatpersonen gelten Limits für die offiziellen Wege. Sie dürfen bis zu 2000 Dollar je Wahlzyklus und bis zu 25 000 Dollar im Jahr an eine Partei spenden. Die Beträge werden im Internet veröffentlicht. Wer sich dafür interessiert, wieviel Geld Pfizer-Chef McKinnell an George W. Bush überwiesen hat, kann sich darüber auf der Website www.opensecrets.org informieren.
Es ist außerdem in Amerika gestattet, dass die Unternehmen Dollars von den Mitarbeitern einsammeln und weitergeben. Die Konzernleitung des Pharmakonzerns Bristol-Myers Squibb forderte die leitenden Angestellten auf, persönlich für die Re-

publikaner zu spenden. Die Europäer, die von der Aktion hörten, hatten für die pekuniäre Einmischung der Geschäftsführung keinerlei Verständnis. Die Amerikaner finden nichts dabei. In den Vereinigten Staaten ist es alltäglich, wenn Unternehmensführungen ihre Mitarbeiter für Firmenbelange mobilisieren. Sie animieren die Beschäftigten sogar, energische Protestbriefe an Kongressmitglieder und Senatoren zu schreiben. Mit Schamlosigkeit hat das alles in den USA nichts zu tun. Lobbying ist ein verfassungsrechtlich verankerter Bestandteil der amerikanischen Demokratie.

Risiken und Nebenwirkungen

Cornelia Yzer, Hauptgeschäftsführerin des »Verbandes der Forschenden Arzneimittelhersteller« (VFA) in Berlin, ist die Cheflobbyistin der Branche in Deutschland. Nimmt die Meinungsmacherin zu einem Thema Stellung, denkt wohl niemand in der Bundesrepublik spontan an Demokratiepflege. Sobald die ebenso attraktive wie forsche Dame und ehemalige Parlamentarische Staatssekretärin im Wissenschaftsministerium den Mund aufmacht, unterstellen ihr viele Bundesbürger sofort hässliche Motive wie Unbarmherzigkeit und Abzocke. Die gelernte Rechtsanwältin wird in Magazinen nach amerikanischem Muster das Attribut »mächtige Lobbyistin« verpasst. Formal stimmt das. Die Vor-Frau vertritt die Belange von neununddreißig Verbandsmitgliedern von A wie Abbott bis W wie Wyeth. Sie setzen 25,7 Milliarden Euro im Jahr um, beschäftigen sechsundachtzigtausend Mitarbeiter. Das sind rund 70 Prozent der insgesamt einhundertneunzehntausendachthundert Arbeitsplätze der pharmazeutischen Industrie in

Deutschland. Sie geben 3,8 Milliarden Euro für Forschung und Entwicklung aus. Gegenüber der Power ihrer amerikanischen Kollegen ist Cornelia Yzer aber nur ein Schatten. Die Chance, in Berlin überhaupt wahrgenommen zu werden, muss sie außerdem mit einer Handvoll Kollegen teilen.

Deutschland hat dreihundertfünfzig Pharmafirmen. Die Mehrheit ist mittelständisch strukturiert. Ihre Bilanzen haben den matten Glanz alter Zinnkannen. Ihre Umsatzrendite liegt bei nur 5 bis 8 Prozent. Die Multis verdienen das Sechsfache. Der »Bundesverband der Pharmazeutischen Industrie« (BPI) vertritt ziemlich kraftlos die Belange dieser halbstarken Unternehmen. Sie verkaufen ihre Produkte überwiegend auf dem Heimatmarkt und sichern Arbeitsplätze in kleinen Städten. Darauf sind sie stolz und schaffen sich Gehör bei Bundestagsabgeordneten, in deren Wahlkreis eine Pharmafirma Steuern bezahlt.

Eine dritte Gruppe, der »Bundesverband der Arzneimittel-Hersteller« (BAH), kümmert sich um die Hersteller rezeptfreier Medikamente. Die bekannteste Lobbyleistung des BAH in seiner fünfzigjährigen Geschichte war die Einführung des berühmten Satzes: »Zu Risiken und Nebenwirkungen fragen Sie Ihren Arzt oder Apotheker.« Mit diesem Zugeständnis verhinderte der Verband, dass für jedes nicht verschreibungspflichtige Medikament ein Beipackzettel veröffentlicht werden muss.

Weiterhin existieren zwei Generika-Interessenverbände. Sie haben bekräftigt, nicht zusammenarbeiten zu wollen. Es gibt einen Verband der Arzneimittelimporteure und einen Verband für die Biotechnologen. Die Pharmaindustrie ist also ein zersplitterter und fragiler Haufen. Was der einen Gruppe nützt, schadet einer anderen. Die Stimmung ist hochgradig gereizt, seitdem die Bundesregierung eine Milliarde Euro Einsparungen bei den Arzneimittelausgaben zur Bedingung gemacht hat.

Bei dieser Milliarde zeigt jeder mit dem Finger auf den anderen. Ulrich Opherk, Chef der PR-Agentur Public Affairs in Wuppertal: »Die Verbände stehen mehr und mehr untereinander im Wettbewerb.«

Kanzlers Rotweinrunde

Nun ist es Big Pharma, repräsentiert durch ihre Manager, überhaupt nicht gewöhnt, klein beizugeben.

Die »Local American Working Group«, das sind die US-Gesellschaften innerhalb von Frau Yzers Forschenden, kochen in solchen Situationen gerne ein Extrasüppchen. Sie schalteten während der Beratungen zur Gesundheitsreform ihre Muttergesellschaften ein. Über diesen Umweg wurde der US-Botschafter im Berliner Bundesgesundheitsministerium vorstellig. Seine Exzellenz kam mit leeren Händen zurück. Die diplomatische Einmischung erwies sich als ebenso wirkungslos wie harsche Briefe. Die Big Bosse nahmen daraufhin die wichtige Angelegenheit selbst in die Hand. Sie suchten Rückendeckung beim Bundeskanzler persönlich.

Das erste Spitzengespräch kam im Frühjahr 2004 auf Château Lafitte in Frankreich zustande. Der lose Gedankenaustausch zwischen Pillenmanagern und Bundesregierung heißt seitdem die »Bordeaux-Runde«.

Zur Gegeneinladung des deutschen Kanzlers kamen die Pharmamanager im Sommer 2004 nach Berlin. Die hochkarätige Gästeliste ließ auf die außerordentliche Bedeutung der Zusammenkunft schließen. Aus Whitehouse in den USA reiste der damalige Merck-Chef Gil Martin an. Sidney Taurel, Vorstandsvorsitzender von Eli Lilly, nahm das Flugzeug aus

Indianapolis. Jean-Pierre Garnier, sein Kollege von GlaxoSmithKline, hatte einen Zwischenstopp in London gemacht, ehe er in Berlin-Tegel landete. Jean-François Dehecq, Patron von Sanofi-Aventis, kombinierte das Abendessen mit einem Arbeitsbesuch in seiner Deutschland-Zentrale am Potsdamer Platz. Rolf Krebs, Ex-Boehringer-Chef und Grandseigneur der deutschen Branche, nahm den Zug aus Frankfurt. Schering-Chef Hubertus Erlen hatte den kürzesten Weg. Er kam aus dem Arbeiterbezirk Berlin-Wedding.
Pfizer-Chef Hank McKinnell hatte schon einige Monate zuvor allein im Bundeswirtschaftsministerium dafür geworben, das deutsche Gesundheitssystem amerikanischer zu machen.

Synchron sparen

Was die deutsche Gesundheitsreform gebracht hat:

Festbeträge: Seit 1. Januar 2005 gelten neue Höchstgrenzen für die Erstattung von patentgeschützten Arzneimitteln. Das sind die sogenannten Festbeträge. Die Pläne sind heftig umstritten, weil damit einheitliche Höchstpreise für patentfreie und patentgeschützte Produkte gelten, wenn sie zur Behandlung der gleichen Krankheit dienen.
Die ersten neuen Festbetragsgruppen wurden von den Kassen für Medikamente gebildet, die besonders häufig verordnet werden. Dazu zählen Magenmittel, bestimmte Blutdrucksenker, Migränemittel und Cholesterinpräparate aus der Wirkstoffgruppe der Statine, einschließlich Sortis von Pfizer. Es war vor Einführung der Festbeträge das meistverkaufte Medikament in Deutschland und wurde von 1,5 Millionen gesetzlich versicherten Patienten geschluckt.

Wenn ein Originalhersteller einen höheren Preis als den Festbetrag verlangt, muss der Patient die Differenz und zusätzlich die Rezeptgebühr aus eigener Tasche bezahlen. Innovative Arzneimittel ohne Alternative bleiben von der Sparmaßnahme verschont.
Die Regelung führte sofort zum Streit. Einige Hersteller wollen ihre neuen Medikamente nicht mehr in Deutschland auf den Markt bringen oder teurer als zum Festbetrag verkaufen. Ihr Argument: die Präparate wirkten besser als andere. Das müsste im Preis berücksichtigt werden.

Zuzahlungen: Bei Medikamenten auf Kassenrezept hat sich der Patient an den Kosten zu beteiligen – unter vielen Nebenbedingungen. Die Apotheke zieht von ihm einen Betrag von mindestens 5 und höchstens 10 Euro ein. Bei einem teuren Medikament zum Preis von mehreren hundert Euro bleibt es bei 10 Euro. Die Summe aller Zuzahlungen darf 2 Prozent des Bruttogehalts pro Jahr nicht übersteigen. Für Kinder bis 18 Jahre sind die Medikamente frei.

Preisstopp: Für alle Arzneimittel gilt seit 1. April 2006 ein zweijähriger Preisstopp. Bei patentfreien, wirkstoffgleichen Medikamenten müssen die Hersteller den Krankenkassen außerdem 10 Prozent Preisnachlass gewähren. Naturalrabatte für Apotheken wurden verboten.

Nicht rezeptpflichtige Medikamente: Patienten müssen Arzneimittel ohne Rezeptpflicht seit 1. Januar 2004 selbst bezahlen. Ausnahmen gelten für Kinder und Jugendliche. Auch bei wichtigen Therapien zahlt die Kasse, zum Beispiel Aspirin zur Vorbeugung gegen Herzinfarkt.

Als der Rotwein eingeschenkt war, drohten die Konzernherren, ihre Investitionen am Standort Bundesrepublik zu überdenken, wenn die Regierung den Patentschutz über die Hintertür namens Festbeträge aushebeln sollte. Die einstige »Apotheke der Welt«, wie Deutschland wegen seiner exzellenten Pharmaforschung früher genannt wurde, verkäme zur Wissenschaftsödnis. Die unverhüllte Einschüchterung klang furchterregend für die Ohren des Kanzlers ausgerechnet im »Jahr der Innovation«. Schröder sagte Nachbesserungen des Gesetzes zu.
Postwendend empörten sich Ärzte und Kassenfunktionäre gegen die Versuche der Pharmabosse, hinter ihrem Rücken mit dem Kanzler die Folterwerkzeuge der Gesundheitsreform zu entschärfen. »Ärzte und Kassen stemmen sich gegen Pharmalobby. Widerstand gegen Arzneimittelfirmen und Kanzlervotum« titelte die *Financial Times Deutschland* tags darauf. »Das kann man vergessen«, stöhnte hinterher ein Teilnehmer über das Eigentor.

Auch den selbstgerechtesten Pharma-Managern und -lobbyisten in Deutschland muss aufgefallen sein, dass Regierung und Öffentlichkeit auf alles, was sie tun oder unterlassen, barsch und empört reagieren. Die »ethische Industrie« hat ihr Ansehenskapital verspielt.
Ganz anders die Reaktionen, wenn Greenpeace die Straße mobilisiert. Selbst die kapitalistische Autoindustrie darf mit Nachsicht und Verständnis in der Bevölkerung rechnen. Das kann nicht an ihrem engelhaften Betragen liegen. Die PS-Produzenten haben die Autokäufer durch teuren Ersatzteilverkauf und streng kontrollierte Vertriebswege tüchtig geschröpft. Porsche, BMW und Audi belegen trotzdem die drei vordersten Plätze auf der Ansehensskala der deutschen Unternehmen. Der Chemie- und Pharmamulti Bayer belegt Platz 7. Der bestbeleumdete Arzneimittelhersteller ist die Pharmafirma Merck. Sie steht auf dem 54. Tabellenplatz.
Was macht den Unterschied aus, dass die Bundesbürger die Autoverkäufer mögen und die Arzneimittelhersteller nicht? Dass sie den PS-Lieferanten den Profit gönnen und den Pillenproduzenten nicht?
Das Ansehen einer Industrie baut auf einem Grundvertrauen oder Grundmisstrauen auf. Dieses Sockelimage entwickelt sich langsam über Jahre und Jahrzehnte. Es ist dann aber erstaunlich resistent.
Der gute Ruf – oder auch der schlechte Ruf – ist eine geheimnisvolle Macht. Er entscheidet mit darüber, welche Produkte ein Kunde wählt, welche Waren ein Händler ordert, welche Aktien ein Anleger kauft, bei welchem Unternehmen sich die fähigsten Fach- und Führungskräfte bewerben und welche Lobbyisten auf offene Ohren treffen. »Image ist Wirklich-

keit«, hat der amerikanische Kommunikationsexperte David Bernstein einmal geschrieben.

Diese Wirklichkeit ist für die Medikamentenhersteller in Deutschland schwarz wie eine Gewitternacht. Die verschiedenen Daten der Meinungsforscher, was die Bundesbürger von der Pillenbranche halten, sind niederschmetternd. Die Ablehnungswerte breiter Bevölkerungskreise werden deshalb unter Verschluss gehalten. Das Rollenspiel mit der bösen Schwiegermutter, alias Pharmaindustrie, die immer hässlich mit den Guten ist, wird nur in kleiner Runde nach dem dritten Glas Grappa verraten.

Die Industrie hat an diesem Sympathietief entscheidenden Anteil. Die wendigen Pharmaunternehmen fanden bei vorangegangenen Gesundheitsreformen immer einen Dreh, Schaden von sich abzuwenden. Es fehlte ihnen die nötige Sensibilität, sich den Patienten und ihren Schutzgeistern als hilfreiche Partner zu empfehlen.

Jetzt bekommen sie die Quittung. Die von Praxisgebühr und Zuzahlungen genervten Bundesbürger fühlen sich gleich besser, wenn die Arzneimittelhersteller tüchtig geschröpft werden. Sie empfinden es nämlich als ungerecht, wenn Dritte an ihrer Krankheit schwerelos verdienen, während sie gleichzeitig finanziell erleichtert werden. Stefan Oschmann, Ex -Deutschlandchef von MSD Sharp & Dohme: »Ich begann meine Karriere als Lobbyist. Früher konnte man mit einem Politiker reden. Heute sagen sie: Ich mache, was die Wähler wollen. Und deren Stimmung ist gegen uns.«

Im Jahr 2004 wandten sich die Pharmakonzerne zum erstenmal mit Anzeigen in Tageszeitungen und Magazinen direkt an ihre Kunden, die Patienten. Vioxx-Hersteller Merck verteidigte sein Verhalten bei der Rücknahme seines Blockbusters. Sortis-Produzent Pfizer protestierte gegen die Entscheidung des gemeinsamen Bundesausschusses, für sein Präparat nur noch einen Festbetrag zu erstatten. »Die Öffentlichkeit«, so die Begründung des Unternehmens, »kann die Tragweite der Entscheidung nur verstehen, wenn das Arzneimittel und seine besonderen Eigenschaften beim Namen genannt werden.«

Die Publikumskampagne des Pharmaherstellers Pfizer verärgerte Kassen und Ärzte.

Die Gesundheitsfunktionäre konterten mit einer Klage und werfen Pfizer Panikmache vor.
In der Stunde der Not einigten sich die forschenden Arzneimittelhersteller außerdem auf eine gemeinsame dreijährige Imagekampagne. Mit 30 Millionen Euro und dem Slogan »Forschung ist die beste Medizin« wollen sie bei den Bürgern wieder punkten und sich ein besseres Ansehen erkaufen.
Ein paar lockere Auftritte von Pharmamanagern in Fernseh-Talkshows wären wohl die effektivere und pfiffigere Alternative. Die deutschen Arzneimittelhersteller haben kein Gesicht. Oder kennen Sie die Herren Banchi, Erlen, Plischke, Römer, Schwarz-Schütte, Schweickart oder Frau Yzer? Es sind die Chefs von Boehringer Ingelheim, Schering, Bayer Pharmaceuticals, von Merck in Darmstadt, Schwarz Pharma, Altana, und es ist ihre Lobbyistin. Bekannter ist in Deutschland ein Ausländer: Novartis-Chef Daniel Vasella. Dem Schweizer gelingt es offenkundig, die Medien von seinen Vorzügen zu überzeugen.
Öffentlichkeitsberater Ulrich Opherk fordert im Branchenfachblatt *Pharma Relations:* »Bild, BamS, Beckmann, Kerner, Maischberger, Christiansen – das sind die Foren dieses Landes. Da gehören sie hin: die Köpfe der Pharmaindustrie, die Spitzen der Verbände, die Gesundheitsmanager, die Heilungsindustrie.«
Den Bundesbürgern ist es keineswegs gleichgültig, wer an der Spitze der Pharmakonzerne sitzt. Für 88 Prozent der Deutschen sind es Positionen mit besonders großer Verantwortung.

13 Patientenorganisationen – Die korrumpierte Gegenmacht

Die Medizinjournalistin Ursula Goldmann-Posch verschenkt einmal im Jahr ihren »Busenfreund«.

Die streitlustige Dame, Vorsitzende der Patientinnen-Initiative »mamazone – Frauen und Forschung gegen Brustkrebs«, hat ein feines Gespür für Publicity. Sie kennt die notwendigen Ingredienzien, die Aufmerksamkeit wecken. Deshalb erfand sie den »Busenfreund«. Die kleine Statue aus Bronze wird einmal im Jahr verliehen. Nach den Vorgaben von Frau Goldmann-Posch darf es dem Preisträger »nicht um Machtzuwachs, Publikationen und Platzhirschgeplänkel gehen, sondern um den Fortschritt im Kampf gegen Brustkrebs«.

Busenfreund 2004 wurde Professor Siegfried Seeber, Direktor der Inneren Klinik in Essen. Die »m-Amazonen« überreichten Seeber die Statue mit einer kleinen Festrede auf der Jahrestagung der Senologen, der Brustkrebskundigen, im September in Freiburg. Eine treffliche Gelegenheit, sich als Brustkrebsfraktion medienwirksam in Szene zu setzen.

Gewiss doch, nur wer klappert, kann sich profilieren. Patientenorganisationen ohne Bekanntheitsgrad sind wie zahnlose Tiger. »Wer im Fernsehen medienwirksam weint, kann hinterher die Spendengelder einsammeln, aber das liegt nicht jedem, weiß Karl-Heinz Klingenbiel, Gründungsmitglied und Geschäftsführer des Bundesverbands der Kleinwüchsigen aus Bremen.

Das Gerangel der Selbsthilfeorganisationen um einen guten

Platz in der öffentlichen Wahrnehmung ist groß. Rund fünf Millionen Mitglieder haben sich in Deutschland zu landes- und bundesweiten Bündnissen mit fünfundsiebzigtausend regionalen Selbsthilfegruppen zusammengeschlossen. Da herrscht Wettbewerb.

Auch mamazone muss sich die Interessenvertretung der jährlich siebzehntausend neuen Brustkrebspatientinnen mit einem Dutzend anderer Initiativen teilen. Sie heißen »Breast Health«, »OnkoGyn«, »Hilfe bei Krebs« oder »PINK«. Das Motto von Dorle Krohn, der Vorsitzenden von »PINK«, ist so griffig wie der »Busenfreund«: »Nicht stumm sterben, sondern laut leben«. Um Lärm zu erzeugen, organisiert die Berliner Medienexpertin jeweils im Oktober einen »Brustkrebsüberlebenslauf«. Das Happening ist gelungen, wenn ein Bürgermeister das Startband durchschneidet und ein Fernsehteam vom Straßenrand aus berichtet.

Im medial vernetzten Gesundheitsbetrieb sind Politiker und Promis die erfolgreichsten Zugpferde. In den USA spricht man das unverblümter aus als bei uns. Eine bekannte Schirmherrin kann die Menschen besser erreichen als eine schmerzgebeugte Kranke. Die attraktive Schauspielerin Senta Berger an der Spitze der Bewegung »Stark gegen den Schmerz« oder die Ärztin und Fernsehmoderatorin Marianne Koch als Präsidentin der »Deutschen Schmerzliga« bekommen auf Zuruf eine Berichterstattung in der Presse.

Bekannte Persönlichkeiten engagieren sich bereitwillig für einen guten Zweck. Selbsthilfegruppen gelten als ein Synonym für selbstloses und soziales Engagement.
Auf lokaler Ebene ist dieses Weltbild intakt. In den örtlichen Vereinigungen treffen sich verzweifelte, chronisch kranke Patienten und ihre Familien. Die Leidensgenossinnen und -genossen informieren sich gegenseitig über Therapiekonzepte und trösten sich über den gemeinsamen Jammer hinweg. Ehrenamtliche Helfer opfern ihre Freizeit und leisten Hilfestellung. Wer hier Kritik übt, setzt sich – Auge in Auge mit menschlichen Tragödien – immer ins Unrecht. Die Gesellschaft hätte ohne diese Inseln der Nächstenliebe ein hässliches Gesicht.
Dennoch ist auch klar: Als Akteure und Agitatoren auf regionaler, bundesweiter, europäischer oder globaler Ebene sind die Patientenorganisationen einflussreiche und egoistische Interessenvertretungen. Und die Pharmaindustrie weiß sich ihrer zu bedienen.
Das Thema Nummer eins bei diesen Reservaten der Menschlichkeit ist ein sehr schnödes: Wie kommen wir zu Geld? Die Mitgliedsbeiträge liegen unter 50 Euro im Jahr. Damit lassen sich nur kleine Brötchen backen. Die Patientenorganisationen träumen aber von einem Tortenstück. Die Spitzenverbände haben fleißige Sachbearbeiter zum Sammeln wohltätiger Spenden eingestellt.
Die öffentlichen Gelder wandern dorthin, wo am lautesten getrommelt wird. Stefan Etgeton, früher Bundesgeschäftsführer der Deutschen Aids-Hilfe, zieht kritisch Bilanz: »Die anderen Selbsthilfeorganisationen haben nicht die öffentliche Aufmerksamkeit, haben zum Teil auch nicht das Geld bekommen,

das die Aids-Hilfe bekommen hat. Sie hat damit viel Sinnvolles gemacht. Diese Investition hat sich amortisiert – aber trotzdem ist es im Vergleich zu vielen anderen Organisationen sehr viel gewesen und auch heute noch sehr viel. Ich empfinde so etwas wie Schuld.«

Auf Dornen gebettet

Der öffentliche Kuchen ist schnell verteilt. Und private Initiativen wie die Stiftung Deutsche Schlaganfall-Hilfe gibt es zu wenige.

Präsidentin dieser Musterorganisation ist die Bertelsmann-Eigentümerin Liz Mohn. Stiftungsvorsitzende ist ihre Tochter Brigitte. Die Damen führen vor, wie man professionell Spenden sammelt. Rastlos suchen sie nach neuen Ideen, um gefüllte Portemonnaies zu öffnen.

Die Internetseiten der Organisation sind perfekt gestaltet: Die Hälfte der Links wendet sich an die Hilfesuchenden, die andere an die potentiellen Spender. Wer nicht weiß, wem er sein Erbe vermachen soll: Die Schlaganfall-Hilfe sagt es ihm. Wer Geburtstag feiert und sich überlegt, was die Gäste schenken sollen: Die Schlaganfall-Hilfe nennt ihr Spendenkonto. Rackern gehört heute zur Charity. Brigitte Mohn: »Es gibt Krankheiten, die viel mehr Aufmerksamkeit auf sich ziehen. Dort gehen die Spenden als erstes hin. Mit Schlaganfall will niemand etwas zu tun haben. Das erinnert an alte Leute.«

Einmal im Jahr bitten Liz Mohn und der Bertelsmannvorstand zum Charity-Rosenball ins Berliner Interconti. Achttausendfünfhundert duftende Blüten schmücken den Saal. Ein Mercedes C 180 im Wert von 28 000 Euro lockt als Hauptpreis der

Tombola. Die Gäste, die froh sind, zur gebetenen Prominenz zu gehören, überweisen zu Gunsten der Deutschen Schlaganfall-Hilfe 1000 Euro pro Paar.

Das Trojanische Pferd

Patientenorganisationen ohne den Promibonus Mohn und ohne Appeal betteln die Pharmakonzerne an. Es ist so verführerisch, bei den Arzneimittelherstellern anzuklopfen. Dort werden ihnen die Türen weit geöffnet.

Der Zusammenschluss von Menschen mit einer bestimmten Krankheit ist für Unternehmen, die ihnen etwas verkaufen wollen, die ideale Plattform. Das ist Zielgruppenauswahl pur. Etwas Schöneres können sich Marketingfachleute gar nicht vorstellen. Es gibt keine Streuverluste. Im Gegenteil, lebhaftes Interesse und Aufnahmebereitschaft sind gesichert.

Wenn es die Patientenorganisationen nicht gäbe, dann würden die Arzneimittelhersteller sie erfinden. Und leider tun sie das auch, falls die zu ihren Medikamenten passende Organisation fehlt. Das Unangenehme daran ist, dass sie als Pharmagründungen nicht klar erkennbar sind. Das breite Publikum ahnt nicht, dass hinter der »Allianz für gesündere Knochen« die Konzerne Sanofi-Aventis und Procter & Gamble stehen. Oder hinter der »Selbsthilfe Lungenkrebs« der Arzneimittelhersteller AstraZeneca. Diese Tarnorganisationen wecken den Eindruck neutraler Hilfsorganisationen – haben aber eindeutige Ziele.

Die Firmen sponsern natürlich die Gruppierungen, für die sie Medikamente entwickelt haben. Die Krebsmittelhersteller kümmern sich um Institutionen wie mamazone, die Insulin-

spezialisten um Diabetes-Gesellschaften, die Wachstumshormonproduzenten um die Kleinwüchsigen.
Das führt mitten in die Problematik der Käuflichkeit. Seit sich die Selbsthilfegruppen inflationär verbreiten, lässt sich das brisante Thema der Vereinnahmung durch »Sponsorengelder« nicht mehr ignorieren. Die gemeinnützige Theodor-Springmann-Stiftung in Berlin veranstaltete eine Tagung mit dem provozierenden Titel »Von Abhängigkeiten und Überlebenschancen. Patienteninitiative und Sponsoring«. Am Pranger standen »die Denkfiguren korrumpierte Patienten und pharmagesteuerte Patienteninitiativen«.
Der erste Schritt ist meistens harmlos. Einer Gruppe wurde einmal eine Website und eine Broschüre finanziert. Später will sie diese Annehmlichkeiten nicht mehr aufgeben. Bei Entscheidungen für oder gegen die Interessen des Sponsors schwebt die Frage mit im Raum, wie sich diese Entscheidung auf die eigene Rolle auswirken könnte. Die Selbsthilfeorganisationen sind, das darf man nicht vergessen, auch Selbstverwirklichungsplattformen. Es geht nicht anders zu als im Kindergartenvorstand oder im Sportverein.
Karl-Heinz Klingenbiel, Interessenvertreter von dreitausend kleinwüchsigen Mitgliedern, verteidigt die Förderung durch die Pharmafirmen. Klingenbiel: »Die öffentliche Hand sagt, Mensch, ihr seid besonders pfiffig, die Selbsthilfe ist ja toll, die hat ja Ideen, die ist innovativ, die arbeitet gut. Säcke voll des Lobes, und dann fängt jedes Gespräch, das ich mit der Sozialsenatorin in Bremen führe, so an: Herr Klingenbiel, Sie wollen hoffentlich kein Geld von mir. Dann passiert folgendes: Wir besorgen uns das Geld zum Beispiel bei den Firmen – und genau dann sagen die Krankenkassen, die uns auch dahinschicken: aber ihr Bösen, das dürft ihr gar nicht, das ist überhaupt nicht eure Aufgabe, das müssen wir beanstanden ...«.

Auch Busenfreund-Erfinderin Goldmann-Posch beklagt sich bitter darüber, dass die knappe Kassenlage bei Staat und Versicherungen die Patienten in die Arme der Pharmaindustrie treibt. »Bei allen Selbsthilfe-Projekten«, moniert die Brustkrebsfunktionärin, »hat mamazone trotz verschiedener Anträge nicht einen müden Euro aus Staatskassen oder Krankenkassen erhalten. Und dies, obwohl Paragraph 20 Absatz 4 im Sozialgesetzbuch V die Krankenkassen verpflichtet, Patienten-Organisationen jährlich pro Versicherten mit einem Betrag von 51 Cent zu unterstützen.«
Für die Lobbyistin sind die Zuwendungen der Pharmaindustrie eine Art ausgleichender Gerechtigkeit. Goldmann-Posch: »Wenn man so will, fließt durch die Unterstützung der pharmazeutischen Industrie ein Teil des Profits, den wir als Krebspatientinnen durch die Einnahme der Medikamente erwirtschaften, wieder an uns Verbraucherinnen zurück.«

Das Fell wird verteilt

Das Dilemma zwischen Geld und Moral beschäftigt die Gesundheitsbranche in allen Ländern.
Um die gegenseitigen Claims abzustecken, haben die großen, überregionalen Selbsthilfegruppen »Leitlinien« formuliert, an die sich der Sponsor zu halten hat. Sie sollen direkte und indirekte Attacken der Pharmaindustrie auf ihre Unabhängigkeit abwehren.
Bei so strengen Auflagen müsste sich die Pillenbranche eigentlich zurückziehen, weil Geld und Return nicht mehr stimmen. Doch diese Annahme greift zu kurz. Das Geschäftsmodell Patientenorganisation/Pharmaindustrie ist höchst subtil. Mit ein

paar Regeln zur Finanzierung von Werbeveranstaltungen oder Informationstagen lässt es sich nicht einfangen.
Wenn das 21. Jahrhundert zum »Jahrhundert der Patienten und Patientenorganisationen« ausgerufen wurde, dann ist die Patientenlobby nicht als Werbefläche, sondern als meinungsbildende Kraft gemeint.

Not lehrt handeln

Sobald die Selbsthilfebewegung die ärmlichen Hinterzimmer mit einer schlecht bezahlten Sekretärin an der Schreibmaschine und einem Gummibaum auf der Fensterbank verlassen hatte, wurde sie für die Pharmaindustrie noch interessanter, da berechenbar. Verstärkend hinzu kam der politische Wille aller Regierungen, die Rechte der Patienten zu stärken und zu institutionalisieren.
»Patient Impowerment« ist die gezielte Einflussnahme auf Meinungsbildner, politische Institutionen und internationale Forschung. Da setzen sie Zeichen. Die britische Parkinson-Gesellschaft (Parkinson's Disease Society) war eine der treibenden Kräfte hinter dem Gesetzesvorhaben, die Stammzellenforschung in England quasi ohne Einschränkungen zuzulassen. Sie erhielt dafür die Auszeichnung »Erfolgreichste Pressure Group« des Jahres. Auch Patientenorganisationen haben also ihre Filmfestspiele.
Dieser Gegenentwurf zur lautlos praktizierten Nächstenliebe geht auf eine Bewegung in New York im Frühjahr 1987 zurück. Damals gründeten Aids-Infizierte die militante Aids Coalition to Unlash Power (ACT UP). Sie organisierten lautstarke Protestmärsche, bearbeiteten gezielt politische Institu-

tionen und erzwangen die beschleunigte Zulassung neuer Medikamente. Seitdem ist ACT UP weltweit die Messlatte, was Patientenorganisationen erreichen können, wenn sie entschlossen ihre Kräfte bündeln und mit geballter Kraft vorgehen.

Jede moderne Patientenorganisation

- übernimmt für die Hersteller teilweise das immer schwieriger werdende Geschäft, freiwillige Teilnehmer für die klinischen Studien zu finden. Jeder Tag Verzögerung wegen fehlender Probanden kostet die Industrie bei einem potentiellen Blockbuster mehrere Millionen Dollar, bei einem Spezialmedikament immerhin noch hunderttausende Dollar Umsatz pro Tag.
- sammelt durch den Kontakt zur Basis detaillierte Informationen über Krankheitsverläufe und reicht sie an die Pharmakonzerne weiter. Eine solche Datenfülle fällt an keiner anderen Stelle in der Gesundheitskette an. Nicht einmal in Spezialkrankenhäusern, die Hunderte von Patienten behandeln. Die Selbsthilfeorganisationen haben Tausende Kontakte.
- spricht routinemäßig mit den Zulassungsbehörden, die sich geschmeidiger zeigen als gegenüber Industrievertretern.
- nimmt in der Öffentlichkeit Positionen für ihre Mitglieder ein, die man einem Unternehmen als einseitige Vorteilsnahme verübeln würde.
- versucht das Interesse von Europa-, Landes- und Bundespolitikern speziell für das Krankheitsbild ihrer Mitglieder zu wecken.

Die großen deutschen Patientenorganisationen liegen zwar Lichtjahre hinter der Professionalität und Potenz der amerikanischen Vorbilder zurück. Die Schlagkraft von Gewerkschaften haben sie aber fast erreicht. Den Arbeitnehmervertretungen laufen die Mitglieder weg, den Selbsthilfegruppen strömen sie zu.

Nummer eins ist die »Deutsche Rheuma-Liga« mit zweihundertfünfzigtausend Mitgliedern. Das entspricht der Einwohnerzahl von Karlsruhe oder Kassel. Eine weitere Interessengemeinschaft der Superlative ist die Deutsche Diabetes-Union mit ihren Schwester- und Unterorganisationen. Die Mitgliederzahl ist mit vierzigtausend nicht gerade eindrucksvoll. Doch die Diabetes-Union kann sich darauf berufen, im Interesse von sechs Millionen Diabetikern zu handeln. Jedes Jahr werden es dreihunderttausend Zuckerkranke mehr. Eine besonders agile Organisation, die Deutsche Multiple Sklerose (MS) Gesellschaft, repräsentiert fünfundvierzigtausendvierhundert Patienten. Das ist jeder dritte MS-Kranke in Deutschland. Je schwerer die Krankheit, desto höher ist der Organisationsgrad. Das verleiht Power.

Die spektakulärste und zugleich umstrittenste Maßnahme, die eine Patientenorganisation in der Bundesrepublik mit massivem Lobbying durchgesetzt hat, ist die Einführung von Brustkrebsfrüherkennungstests (Mammographie) als Kassenleistung. Sie ist nicht aus einer Koalition mit der Pharmaindustrie, sondern mit den Röntgenärzten entstanden. Das Ergebnis zeigt aber die Macht solcher Verbindungen auf.

Die Patientenorganisationen sind auf den Ego-Zug der Gesellschaft aufgesprungen: Nehmt eure eignen Bedürfnisse wichtiger als alles andere und erfüllt euch eure Wünsche konsequent. Egal, wer darunter zu leiden hat, Hauptsache, ihr entbehrt nichts.

Die Präsidentin der Deutschen Krebshilfe, Dagmar Schipanski, Kandidatin für das Bundespräsidentenamt 1999, gab auf einer Pressekonferenz bekannt, »alle gesetzgeberischen Maßnahmen auf dem Feld der Gesundheitspolitik im Hinblick darauf zu prüfen, ob sie krebskranken Menschen schaden«. Vorsicht – der Zweck und die gute Absicht heiligen nicht die uneingeschränkte Interessenpolitik.

Doch das »Jahrhundert der Patienten« ist angebrochen. Global. Jede erdenkliche Patientenorganisation hat einen Europa- und einen Weltverband. Außerdem gibt es gemeinsame Dachgesellschaften aller Patientenorganisationen.

Zwei bekannte internationale Einrichtungen, die IAPO (International Alliance of Patients' Organisations) und GAMIAN Europe (Global Alliance of Mental Illness Advocacy Networks) sind Mischorganisationen von Industrie und Selbsthilfegruppen und regelmäßige Verhandlungspartner der EU-Kommission und der Regierung in Washington. In der Spitze verhandeln die Patientenvertretungen direkt mit UNO-Organisationen und der Weltbank.

Verwirrt reibt sich der Patient die Augen: Wo sind die unabhängigen Kritiker der Pharmaindustrie geblieben?

Es gibt sie noch. Die großen Verbraucherorganisationen, wie die von Konsumentenanwalt und US-Präsidentschaftskandidat Ralph Nader gegründete Bewegung »Public Citizen«, sind in die Rolle der Oppositionellen geschlüpft. Sie veröffentlichen

Listen über »die besten und die schlechtesten Pillen«. Ihre Anwälte verfolgen die Pharmakonzerne wegen überhöhter Preise, verlängerter Patente, unpräziser Werbeaussagen. Sie legen sich quer, wo immer sie können. Wer keinem der Pharmakonzerne traut, der findet für seine Meinung auf den Internetseiten www.citizen.org hundertfache Bestätigung.
Patientenorganisationen denken heute anders. »Wir dürfen die Industrie nicht zu sehr einschnüren, wir müssen ihr schon noch ein paar Freiheiten lassen«, sagt Ben Cheng, HIV-Patientenfunktionär aus Washington. Und setzt hinzu: »Die Pharmaunternehmen müssen daran interessiert bleiben, an Aids zu forschen.«
Die Autoren von Fantasy-Romanen können ihre Marsmenschen beerdigen. Dieser Titel hat Zukunft: »Die Übernahme der Weltherrschaft durch die Patienten.«

14 Börse – Renditen auf Rezept

The Old Brewery, die »Alte Brauerei« im Londoner Bankenviertel, ist kalt und dunkel. Bier wird im »Financial District« schon lange nicht mehr gebraut.

Das historische Gemäuer, das von Pharmafirmen stundenweise angemietet wird, hat andere Vorzüge. Der Portier in graugrüner Uniform kann mit einer leichten Drehung seines Kopfes verfolgen, wer über den Hof kommt und über die knarrenden Treppenstufen hinauf in den ersten Stock steigt. Im oberen Saal mit den dichten Stuhlreihen, der künstlichen Beleuchtung und der schmalen Bühne bleibt Besuchern keine bessere Wahl, als zu arbeiten.

Eilige junge Damen und Herren mit schwarzen Köfferchen in der Hand kommen mehrmals im Monat in die Brewery, wo ihnen Firmen- und Finanzchefs ihre Halbjahres- oder Jahresergebnisse erläutern. Es sind Analysten. Jeder kennt jeden.

Sicher, die Manager könnten die Zahlen per Internet verschikken und sich auf Telefonkonferenzen beschränken. Doch Analysten sind einflussreich. Sie sind Chefsache. Bei ihrer Nichtbeachtung enden die Aktien der Gesellschaft im Nirgendwo. Ein Papier, das nicht besprochen oder, wie die Börsianer sagen, nicht »gecovered« wird, bleibt liegen wie ein stinkender Fisch.

Höhepunkt im Aquarium eines forschenden Pharmakonzerns ist der R&D-Day, der Forschungs- und Entwicklungstag.

An diesem generalstabsmäßig geplanten Termin enthüllt der

Forschungschef seine »Pipeline«. Das ist der Fachausdruck für den Vorrat an Medikamenten in der Entwicklung. Sie sind die Hoffnungsträger künftiger Profite.
Für professionelle Anleger ist der kursrelevante Blick durchs Schlüsselloch aufregender als das aktuelle Geschäft. Eine breite und tiefe Pipeline sichert den Nachschub, wenn ältere Arzneimittelschätzchen ihren Patentschutz verlieren.
Die Medien spielen am R&D-Day eine Nebenrolle. Mediziner sind gar nicht eingeladen. Das ist der Tag der Analysten, der Rechner, nicht der Helfer. Diese professionellen Beobachter schicken am Abend, spätestens am nächsten Morgen ihr Urteil über das Internet an ihre Kunden, nämlich Banken und Investoren. Sie haben ausgerechnet, wie viele Menschen für die Behandlung mit einem aussichtsreichen Wirkstoff in Frage kommen, wieviel Umsatz in den Spitzenjahren zu erwarten ist, wieviel Gewinn das abwirft und ob sie zum Kauf oder zum Verkauf der Aktie raten.
Die Analysten drücken diesen Sachverhalt in ihrer eigenen, allerdings für Nichtbörsianer unverständlichen Sprache aus: als DCF (Discounted Cash Flow), PE (Price Earnings Ratio) oder PEG (Price Earnings Ratio, geteilt durch die Wachstumsperspektiven der nächsten drei Jahre).
Wahrhaftig, ein dramatischer Wandel. Früher saßen ein paar Bankenvertreter vor den Finanzchefs und ließen sich Vages und Hoffnungsvolles erzählen. Anschließend formulierten sie die Kreditkonditionen. Heute finanzieren sich die großen Pharmagesellschaften über die Börse mit Aktienemissionen und Kapitalerhöhungen. Die Kleinen suchen Risikokapitalgeber, die ihr Geld in hoffnungsvolle Unternehmenspflänzchen investieren.
Solche Partner verlangen präzise Informationen. Sie vergleichen die Leistungsstärke eines Unternehmens mit der Kon-

kurrenzfähigkeit des Wettbewerbers. Jederzeit. Weltweit. Sie sorgen für Bewegung, für Beschleunigung.
Doch verträgt die Pharmawelt – wo über ein Jahrzehnt an einem Wirkstoff geforscht und entwickelt wird, wo die Unternehmen damit werben, dass sie den Menschen helfen –, verträgt diese Branche die Gnadenlosigkeit der Finanzmärkte? Ist ihr die Fixierung auf einen hohen Börsenkurs zuträglich? Oder ist die Wertsteigerungs-Pharmazie eine Branche unter Drogeneinfluss – getrieben von Phantasien, die in einem Zusammenbruch enden könnten?

Goldfinger

Zunächst eine Bestandsaufnahme: Das US-Magazin *Fortune* veröffentlicht seit 1954 Umsätze und Gewinne der fünfhundert größten Unternehmen der Welt. 2004 zogen die Redakteure nach fünfzig Jahren Bilanz: Die Gewinne und Verluste waren in allen Branchen Achterbahn gefahren. Lediglich Energielieferanten und Pharmamultis blieben als Dauerprofiteure im Riesenrad oben.
Die Umsatzrenditen der meisten internationalen Pharmahersteller bewegen sich mit 30 Prozent oder sogar 35 Prozent nach Steuern in himmlischen Sphären – Zahlen, von denen andere Branchen träumen.
Die Pharmabosse behaupten, sie müssten als Hochrisikobranche soviel verdienen. Sonst würden die Investoren weglaufen und ihr Geld in brave Anlagen wie Schatzbriefe oder Sparbücher stecken. Novartis-Chef Daniel Vasella: »Das hat nichts mit Moral, mit gut oder schlecht zu tun, das liegt unserem marktorientierten kapitalistischen System zugrunde.«

Gut gebrüllt Löwe. Aber laut Fakten leben andere Branchen gefährlicher. Eine Industrie, die über fünfzig Jahre den Gewinn maximiert, kann ihre Risiken offenbar ausgezeichnet ausbalancieren. Flugzeug- und Anlagenbauer, Stahlkocher und Autokonzerne könnten eine Zitterprämie dringender gebrauchen als die Pharmamultis.

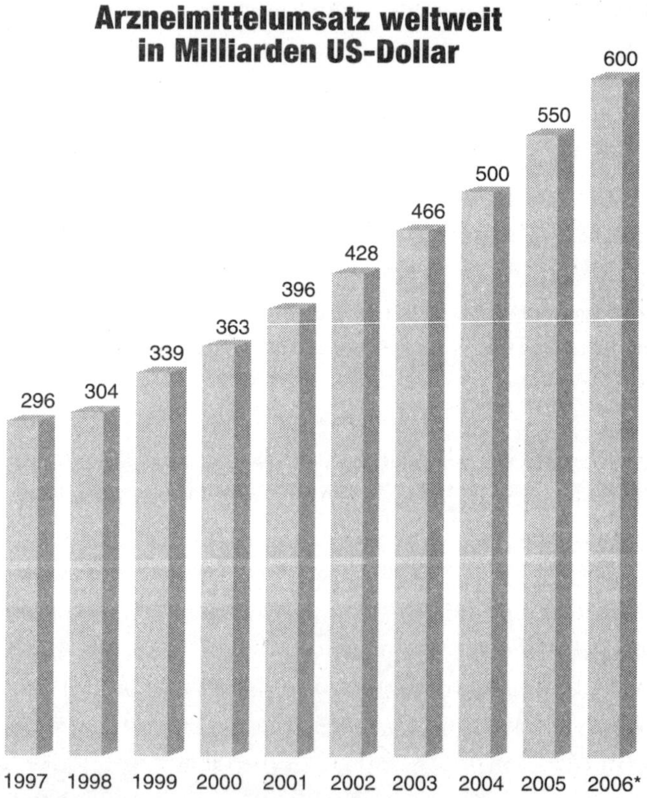

Von 1997 bis 2005 ist der Umsatz mit Arzneimitteln weltweit um rund 72 Prozent auf 500 Mrd. US-Dollar gestiegen.
Quelle: IMS Health, Bundesverband der pharmazeutischen Industrie, Pharmadaten
**geschätzt*

Es gibt ziemlich unbestechliche Zeugen für das Wohlergehen der Arzneimittelhersteller. Börsennotierte Unternehmen werden heute von professionellen Agenturen nach ihrer Solidität und ihren Gewinnchancen benotet. Dieses Verfahren heißt »Rating«. Eine der bekanntesten Firmen ist Standard & Poor's (S & P). Ihre Gutachter vergeben an Pharmaunternehmen hervorragende Ratings. Die Gründe sind hohe Profitabilität, ein kontinuierlicher Einnahmenstrom und hervorragende Wachstumsaussichten. Gesundheit geht immer.

Hektik mit System

Doch jedes Management will im Wettstreit um die Gunst der Börsen der Liebling sein. Kurzfristig durch die Veröffentlichung schmeichelhafter Gewinnzahlen. Langfristig durch die kontinuierliche Lieferung möglichst positiver Neuigkeiten aus dem Unternehmen.

Die Chefs und Finanzvorstände kümmern sich ausgiebig um diese Aufgabe. Das kostet ein Viertel ihrer Arbeitszeit. Die Frage, ob sie sich in dieser Zeit nicht besser um etwas anderes kümmern sollten, würden sie aus ihrer Sicht mit einem glatten Nein beantworten. Der Kapitalmarkt fordert seine Rechte ein.

Das Biotechunternehmen MorphoSys ist kein Börsenwert im öffentlichen Fokus. Firmenchef Simon E. Moroney und Finanzchef Dave Lemus sind dennoch so oft zur Kurspflege unterwegs, als wäre es das Kerngeschäft der Münchner Firma, die Anleger von ihrer Strategie zu überzeugen.

Der sanfte, hochaufgeschossene Neuseeländer Moroney ist das zähe Ringen mit den Geldgebern seit der Firmengründung 1992 gewöhnt. Zwischen Januar und Dezember besucht er acht bis zehn Investorenkonferenzen. Der Mikrobiologe führt zwischen sechzig und achtzig Direktgespräche mit institutionellen Investoren. Zwölf Analysten kümmern sich regelmäßig um MorphoSys. Mit jedem von ihnen trifft sich Moroney ein- bis zweimal im Jahr.

Bei den Managern der Großkonzerne sind die Terminkalender noch dichter. Siebzig bis einhundert Analysten wollen permanent informiert werden. Eine gut besetzte Investor-Relations-Abteilung übernimmt bei Big Pharma einen Teil der Arbeit.

New York, Boston, wieder New York, Baltimore, noch einmal New York und Wien. Der hochkarätige Tross zieht von Merrill Lynchs Global Pharmaceutical Conference im Februar in New York nach Boston zur Health Care Conference der Investmentbanker von SG Cowen im März und im April zum Pictet Pharmaceutical Day in New York. Im Mai richtet die Deutsche Bank die Securities Annual Healthcare Conference in Baltimore aus. Mitte September geht es wieder in New York mit der UBS Global Life Sciences Conference und Mitte November in Wien weiter.

Die Veranstaltungen laufen nach einem strengen Stundenplan ab. Von morgens 7.30 Uhr bis nachmittags 17.30 Uhr stellen sich die Unternehmen vor. Zwanzig Minuten Vortrag, zehn Minuten Diskussion. Der nächste bitte. Dreihundertfünfzig PowerPoint-Vorträge an vier Tagen vor dreitausendfünfhundert Investoren stehen auf der Agenda großer Konferenzen.

Mit besonderem Timbre in der Stimme, fast ehrfurchtsvoll, sprechen die Manager über ihre Medikamente. Sie wissen: Eine gute und eine gut plazierte Pillennachricht übt einen unglaublichen Sog auf den Aktienkurs aus.

In dem Monat, in dem Schwarz Pharma den Patentprozess um das Magenmittel Omeprazol gegen AstraZeneca in den USA gewann, explodierte der Wert der Aktie um 169 Prozent.

An dem Tag, an dem der US-Biotechstar Genentech positive Studienergebnisse über sein Krebsmittel Avastin bekanntgab, stieg der Aktienkurs um 45 Prozent. Die Aktiengesellschaft wurde über Nacht 10 Milliarden Dollar teurer. Selbst die simple Nachricht, dass die FDA das Krebsmittel Benofos von Schering beschleunigt prüfen wolle, honorierte die Börse mit einem Kurshüpfer von 5 Prozent.

Die Kurspfleger

Die Pharmamanager wissen sehr genau, wie sie ihre Studienergebnisse am wirkungsvollsten plazieren, damit ein gigantisches Kursfeuerwerk wie bei Avastin überhaupt abbrennen kann.
Für Krebsmedikamente gibt es keine bessere Show als den ASCO-Kongress (ASCO = American Society of Clinical Oncology). Er ist das jährliche Spitzentreffen der Krebskoryphäen aus aller Welt. Die Zusammenkunft von fünfundzwanzigtausend Spezialisten gilt als konkurrenzloser Kurstreiber für Pharma- und Biotechaktien. Die Spannung wird wochenlang vorher durch gezielte Indiskretionen aufgebaut.
Hier ließ Genentech-Chef Arthur D. Levinson 2003 die Studienergebnisse für Avastin bekanntgeben. Dabei war von Lebensrettung gar keine Rede. Patienten mit Darmkrebs, so damals die Auskunft des US-Onkologen und Studienleiters Herbert Hurwitz, leben nach Einnahme von Avastin durchschnittlich fünfzehn bis zwanzig Monate länger.
Daraufhin rechneten einige Analysten einen jährlichen Spitzenumsatz von 1 Milliarde bis zu 10 Milliarden Dollar für Avastin hoch. Als ob das Mittel allen Krebskranken dieser

Welt helfen könnte. Claudio Werder, Chefanalyst der Schweizer Vontobel-Bank: »Ein Wahnsinn, absolut unrealistisch.«
2004 war nicht mehr Avastin, sondern das Dickdarmkrebsmittels Erbitux der Star der ASCO-Konferenz. Tempo. Tempo. Nach der Präsentation stieg der Aktienkurs der beiden Erbitux-Hersteller ImClone und Merck-Darmstadt zweistellig.
Bei schlechten Neuigkeiten geht es ebenso flott abwärts. Die Bad Homburger Altana stoppte eine Medikamentenentwicklung zur Behandlung von Schocklunge. Die Notierung an der Börse gab um 17,3 Prozent nach, obwohl Altana mehr Geld verdiente als je zuvor. Altana-Chef Nikolaus Schweickart: »Ich habe die Börse noch nie verstanden.«
Es kann sogar zu einem Erdrutsch kommen. Nachdem der US-Konzern Merck seinen Blockbuster Vioxx vom Markt genommen hatte, verfiel der Aktienkurs um 26 Prozent der Wert des Unternehmens ging um 25 Milliarden Dollar zurück. Das entspricht der Börsenkapitalisierung des BMW-Konzerns. Ein einziges Medikament war nach dem Börsenurteil also soviel wert wie der weltbekannte und ertragsstarke bayerische Automobilbauer.
Die Nachricht vom 19. November 2004, dass Aufsichtsbehörden in den Vereinigten Staaten und Europa bei einigen Medikamenten genauere Untersuchungen im Hinblick auf gesundheitliche Risiken ankündigten, setzte die Kurse fast der gesamten Branche unter Druck.
Es schwant wohl jedem, wie groß die Versuchung ist, solche Tartarenmeldungen so lange wie möglich zu unterdrücken. Hierher gehören auch die Schurkenstücke der nicht publizierten klinischen Studien und der künstlich verlängerten Patente.

Die Krebsmedikamente Avastin und Erbitux weisen ganz andere Nebenwirkungen als Vioxx auf. Diese wurden früher bei keinem Medikament diagnostiziert und haben mit Patienten nichts zu tun. Arzneimittel taugen zum Spekulieren. Sie können Menschen reich oder arm oder sogar kriminell machen.
Diese Entwicklung ist ein ähnlicher Meilenstein in der Geschichte der Pharmazie wie das Durchbrechen der 10 Millionen Dollar Umsatzmarke durch den Cholesterinsenker Sortis/Lipitor. Tatsächlich hängt beides eng zusammen. Von einem einzigen Blockbuster kann für ein Unternehmen ungeheuer viel abhängen. Dadurch mischen Abkassierer, Machtmenschen und Netzwerker, Spekulanten und Glücksritter heute im Pharmageschäft mit.
Nehmen wir die Erbitux-Story. Im Dezember 2001 hatte die US- Zulassungsbehörde FDA die Marktreife für das Krebsmedikament verweigert. Die Gutachter bemängelten die schlampige Aufbereitung der klinischen Studiendaten. Eine solche Zurückweisung ist ein Vorbote für einen Kurssturz. ImClone-Firmengründer Samuel Waksal bekam die Information als erster. Er verkaufte seine Aktien, ehe sie mit minus 82 Prozent ins Bodenlose fielen.
Als herauskam, dass Waksal sein Wissen missbraucht hatte, wurde der Biotechstar vor laufenden Fernsehkameras im Hollywood-Stil in Handschellen abgeführt und ihm anschließend der Prozess gemacht. Die Geschworenen schickten ihn für sieben Jahre und drei Monate ins Gefängnis. Die amerikanische Unternehmerin und TV-Berühmtheit Martha Stewart hatte einen Tip von Waksal bekommen und ihre Aktien ebenfalls rechtzeitig verkauft. Auch sie wurde vor Gericht gestellt. Die TV-Queen log und musste im Oktober 2004 wegen Justiz-

behinderung und dubioser Aktiengeschäfte für fünf Monate ins Frauengefängnis in West Virginia. Amerika nahm durch die breite Medienberichterstattung an dem Canossagang lebhaften Anteil.

Anleger, die sich von den Skandalen nicht hatten beirren lassen und ihre ImClone-Aktien stur behielten, steigerten ihr Vermögen in wenigen Monaten um 26 Prozent. Wer ein Jahr zuvor auf Genentech gesetzt hatte, sogar um 79 Prozent. Solche Gewinnsprünge können Gesundheitsanbeter sinnlich machen.

Natürlich ließ sich auch früher mit Arzneimitteln viel Geld verdienen. Dank der Beruhigungsmittel Librium und Valium aus den Labors der Pharmafirma Hoffmann-La Roche stiegen die Eigentümerfamilien in den siebziger Jahren zu den Topverdienern der Schweiz auf.

Aber damals war die gesetzlich vorgeschriebene Publizität noch weniger fordernd als heute. Reichtum war nicht so transparent und telegen. Geld kam nach und nach ins Haus. Heute hat der Run auf Rendite eine neue Qualität.

Kopf und Zahl

Der am besten verdienende Pharma-Manager Europas ist Novartis-Chef Daniel Vasella. Seine Bezüge betrugen im Geschäftsjahr 2005 rund 21,3 Millionen Schweizer Franken (13,6 Millionen Euro). Mit dieser fürstlichen Honorierung ist Vasella der teuerste Manager Europas überhaupt. Franz Humer, Primus des Basler Pharmakonzerns Roche, verdient nur ein Drittel davon, rund 7 Millionen Schweizer Franken (4,6 Millionen Euro), Humer profitiert aber zusätzlich von Aktienplänen und -optionen seines Unternehmens.

Hubertus Erlen, Vorstandsvorsitzender der deutschen Schering AG, hat im Vergleich zu Vasella mit 2,56 Millionen Euro ein fast bescheidenes Jahreseinkommen. Das Berliner Unternehmen ist im globalen Maßstab nur ein mittelgroßer Spezialitätenhersteller und hat die Gehälter des Firmenchefs dem Geschäftsvolumen angepasst.
Obwohl man sich immer wieder fragt, wann die vielbeschäftigten Firmenlenker ihre Millionen überhaupt ausgeben können, ist ihnen Geld sehr wichtig. Unter den Managern von Big Pharma ist es ein beliebtes Spielchen, die eigenen Bezüge mit denjenigen der Kollegen zu vergleichen und anschließend zum Aufsichtsrat zu gehen und Nachforderungen zu stellen, weil die Konkurrenz noch üppiger bezahlt. Amerika ist hier die Messlatte. In den USA ist das laufende Einkommen der Firmenchefs jedoch von nachgeordneter Bedeutung gegenüber der Ausgabe von Stock Options. Das sind Papiere des jeweiligen Unternehmens, die zu einem späteren Zeitpunkt in Aktien umgetauscht werden können. Wenn die Kurse der Gesellschaft an der Börse steigen oder fallen, bewegt sich der Wert der Stock Options ebenfalls nach oben oder unten.
Arthur D. Levinson, Chef des Biotechunternehmens Genentech, verdient mit 894 000 Dollar (733 000 Euro) Grundgehalt nicht unbedingt üppig. Wenn man seine Bonuszahlung von 1,3 Millionen Dollar (1,1 Millionen Euro) dazu addiert, ist der amerikanische Biotech-Topmanager auch nur ein durchschnittlich bezahlter Firmenchef. Levinson wurde trotzdem durch Genentech reich. 1980 fing er als Wissenschaftler bei der damals noch völlig unbekannten Biotechfirma an und ließ sich seine Arbeit vor allem mit Aktienoptionen honorieren. Heute gehören Levinson Stock Options im Wert von 164 Millionen Dollar (133 Millionen

Euro). Genentech ist mit der Entwicklung vieler bahnbrechender Medikamente ein Senkrechtstarter an der Börse. Hank McKinnell, Chef des Pharma-Weltmarktführers Pfizer, erhält als Jahresvergütung 5,8 Millionen Dollar (4,8 Millionen Euro). Seine Stock Options haben einen Gegenwert von 15,1 Millionen Dollar (12,4 Millionen Euro). Der Vergleich mit Levinsons 164 Millionen zeigt, dass bei Biotech mehr gewonnen werden kann als in der traditionelleren Pharmaindustrie. Allerdings ist auch das Wagnis größer. Es gibt Führungskräfte, die sich mit Stock Options bezahlen ließen, welche nach wenigen Jahren fast nichts mehr wert sind. Lion Bioscience ist eine deutsche Biotech-Aktie, die einmal über 150 Euro notierte und heute mit etwas mehr als einem einzigen Euro an der Börse gehandelt wird.
Selbst Verlierer bleiben finanziell auf der Gewinnerstraße – Aventis-Chef Igor Landau wurde nach der Übernahme seines Unternehmens durch Sanofi 2004 mit einem goldenen Handschlag von 12,6 Millionen Dollar verabschiedet.
Quelle: Geschäftsberichte, Forbes, Stand Frühjahr 2006

Man spürt den eisigen Luftstrom, den ein Wissenschaftler auf der Teamsitzung der Forschungs- und Entwicklungsabteilung auslöst, wenn er die Suche nach einem Wirkstoff gegen eine Krankheit der Armen vorschlägt. Der Mann riskiert seinen Job. Er ist offenbar fehl am Platz. Ihm geht die richtige Einstellung ab. Solche Medikamente machen keinem Aktienkurs Beine. Sie ernähren keine fünftausend Wissenschaftler. Der Finanzchef eines großen Pharmakonzerns bringt es auf den Punkt der Industrie: »Ich kann doch nicht zulassen, dass ein Projekt Kapital vernichtet.«
So denken sie alle. Big Pharma geht im Gleichmarsch voran.

Von den fünfzehn größten Arzneimittelkonzernen der Welt entwickeln fünfzehn Wirkstoffe gegen Krebs, vierzehn gegen Krankheiten des zentralen Nervensystems wie Alzheimer und Depressionen, dreizehn kümmern sich um Herz und Kreislauf. Elf arbeiten an Wirkstoffen gegen Entzündungen. Und ganze zwei kümmern sich um Tuberkulose.

Alarmierende Zahlen

Der Griff der Kapitalmärkte nach den Pharmakonzernen war ein Unglück für die Weltgesundheit. Es waren fast ausschließlich Menschen in reichen Volkswirtschaften, die in den letzten drei Dekaden vom pharmazeutischen Fortschritt profitierten. Alle namhaften Pharmaunternehmen haben vor über zwanzig Jahren ihre Forschungsabteilungen zur Entdeckung neuer Wirkstoffe gegen Tropen- und Armeleutekrankheiten dichtgemacht. Auch die Firmen Bayer und Roche, die in der Malariaforschung führend waren. Das Geschäft war nicht rentierlich genug.
Die Folgen sind fatal: Mehr als ein Drittel der Weltbevölkerung ist heute mit dem Tuberkulose-Erreger infiziert. Jedes Jahr sterben zwei Millionen Menschen an der Krankheit. Die meisten sind gegen Antibiotika resistent. Die Pharmaindustrie hat sich vierzig Jahre lang um keine neue Therapie bemüht.
Eine andere vernachlässigte Krankheit ist das Denguefieber. Mit dem Virus stecken sich jährlich dreißig bis sechzig Millionen Menschen an. Tendenz steigend. An dem blutigen Durchfall sterben vor allem Kinder.
Auch die Malaria-Zahlen stimmen pessimistisch. Dreihundert Millionen Menschen erkranken jährlich, über eine Million sterben daran.

Krankhaft erfolgreich

Dass es soweit kommen konnte, sollte niemanden überraschen. Wenn beispielsweise der Börsenwert von Pharmaprimus Pfizer innerhalb der letzten zehn Jahre um 700 Prozent gestiegen ist, dann war das nur mit sturer Maximierung ökonomischer Chancen möglich.

Der Weltmarktführer hat akquiriert, fokussiert, globalisiert. Pfizer schluckte in fünf Jahren zwei Pharmakonzerne und ein Biotechunternehmen: Warner-Lambert, Pharmacia, Esperion Therapeutics, in dieser Reihenfolge.

Um die hohe Börsenbewertung zu rechtfertigen, muss Pfizer nach den Usancen des Marktes weiter wachsen. Doch je höher der Umsatz, desto mehr Mühe kostet es, noch höhere Zielmarken zu erreichen. Der Kleine hat es leichter, um 10 Prozent zuzulegen, als ein Primus. Für jedes neue Medikament – so haben die Strategieberater von Bain Capital errechnet – braucht Pfizer mehr als 200 Millionen Dollar Umsatzzuwachs, um den Gewinn pro Aktie um 1 Cent zu erhöhen. Das ist Stress pur.

Verlogene Floskeln

Der Druck der Finanzmärkte verleitet die Unternehmen zu immer neuen Fusionsabenteuern. Wenn es absehbar ist, dass die eigenen Labors das Nötige nicht liefern werden, flüstert der kleine Visionenmann dem Manager ins Ohr, ein Zusammenschluss sei der rettende Strohhalm. Dann dreht sich das Fusionskarussell weiter. Die Unternehmen kaufen oft eine ganze Firma, nur um in den Besitz eines wichtigen Medikaments zu kommen. Biotechmarktführer Amgen erwarb die

Firma Immunex. Firmenchef Kevin Sharer hatte es auf den Blockbuster Enbrel, ein Mittel gegen Arthritis, abgesehen. Pfizer erwarb über die Börse den Arzneimittelhersteller Pharmacia. Celebrex war die ersehnte Beute.

Spätestens seit der frechen Übernahme des französisch-deutschen Pillenherstellers Aventis durch den kleineren Pariser Konkurrenten Sanofi-Synthelabo ist klar: Es kann jeden treffen. Konzern-Chef Jean-François Dehecq hat die Fusion angezettelt, als das Patent seines Thrombose-Blockbusters Plavix wackelte und er für sein hoffnungsvolles Schlankheitsprodukt Acomplia eine größere Sales-Force in den USA brauchte. Die hatte Aventis zu bieten.

Deutsche Zeitungsleser konnten die Schlacht um Aventis im Frühjahr 2004 mitverfolgen. Die Konzerne bekämpften sich mit Anzeigen im populistischen Pharmagelaber, »Denn das Wichtigste ist die Gesundheit« oder »Der Gesundheit zuliebe«, unter diesen fettgedruckten Schlagzeilen versprach Sanofi ein »starkes, nachhaltiges und profitables Wachstum« und die »besten Perspektiven für Aktionäre, Mitarbeiter und Arbeitsplätze«. Aventis annoncierte mit einer »Kontraindikation« und den »Nebenwirkungen brutaler Arbeitsplatz- und Wertevernichtung«. Seit 1. August 2004 sind die Firmen ein Paar. Welche Anzeigenserie die Wahrheit vorwegnahm, wird die Zukunft zeigen.

Gegen eine feindliche oder als freundlich getarnte feindliche Übernahme hilft nur ein hoher Börsenwert. Das schafft eine gewisse Sicherheit. Denn wer will sich einfach fressen lassen? Außerdem wird es einfacher, andere Firmen zu übernehmen, wenn man mit hoch bewerteten eigenen Papieren bezahlen kann.

Die Manager der Pharmamultis sind auch persönlich am kursrelevanten Hochleistungssport interessiert. Ein Teil ihres Gehalts besteht aus Stock Options. Das sind Anrechte auf Aktien, die den Inhabern binnen weniger Jahre bis zu 10 Prozent des Konzernvermögens zuschanzen können.

Biotechunternehmen haben in den Gründerjahren mehr Visionen als Flüssiges in der Kasse und honorieren ihre Führungskräfte am liebsten mit Stock Options.
Die Versuchung für das Management ist groß, kurzfristig den Gewinn zu maximieren und die Stock Options zu einem hohen Preis zu verkaufen. Wenn der Kurs später verfällt, weil hochgepushte Medikamente die Hürden der letzten klinischen Prüfungen nicht schafften, haben die Manager ihren Reibach schon gemacht.

Anzeigenkrieg

Die Pharmakonzerne Aventis und Sanofi machten mit aufwendigen Inseraten gegeneinander Stimmung.

Die Manager werden also gut bedient. Was aber hat diese kapitalmarktgetriebene Pharmazie den Patienten gebracht? Börsen funktionieren wie gigantische Suchmaschinen für Ideen, die sie rasch in Produkte und Firmenstrategien übersetzen. Risikofreudige Jungunternehmer wurden aus den akademischen Hinterstübchen an die kapitalistische Biotechfront gelockt. In den USA haben die Erfolgsgeschichten von Amgen und Genentech, von Biogen-Idec, Genzyme, Gilead und Millenium Kultstatus. In Deutschland schlagen sich im kleinwüchsigen Maßstab die börsennotierten Gesellschaften Qiagen, Evotec, GPC, MorphoSys oder Medigene ganz ordentlich. Viele Unternehmensgründer sind dadurch reich geworden. Viele Patienten durch ihre Medikamente auch wieder gesund.

Gleichzeitig legten Gigantismus und Profitdenken von Big Pharma in ungesundem Ausmaß zu. Die Sitten werden immer unappetitlicher. Oder wie es Novartis-Chef Thomas Ebeling ausdrückt: »Kill to win.« Auch die Hoffnung, dass durch die Addition milliardenschwerer Forschungsetats ausreichend Mittel für die Suche nach Medikamenten ungelöster Krankheitsprobleme abgezweigt würden, war ein Trugschluss.

Doch das Pendel schlägt zurück. Die Firmen bekommen die Folgen ihres Verhaltens zu spüren. Ethische Unternehmensführung mag vor wenigen Jahren noch eine Marotte linker Idealisten gewesen sein. Heute verlangen die Kunden globaler Gesellschaften die Übernahme sozialer Verantwortung. Sie erwarten, dass die Firmen neben ihren großen Gewinnmaximierungsplantagen ein Non-Profit-Gärtchen unterhalten. Der Trend hat ein Schlagwort: »Sustainability – Nachhaltigkeit.« Die Bewegung hat die Börsen erreicht.

Der »Dow Jones Sustainability Index« nimmt dreihundert

Unternehmen auf, die globale soziale Belange in ihren Strategien berücksichtigen. Einhundertsiebenundsechzig kommen aus Europa. Diese Konzerne sind keine Engel. Die Aktionäre wissen jedoch, in diesen Unternehmen ist Profitmaximierung nicht das einzige Ziel. Keine Firma hat in dem Index einen Stammplatz, denn jedes Jahr wird das Verhalten überprüft. Das ist ein Ansporn, weiterhin etwas für die Gesellschaft zu tun.

Es bilden sich private und öffentliche Partnerschaften. Als die G-8-Staaten den »Global Fund« zur Bekämpfung von Aids, Tuberkulose und Malaria gründeten, war das für die Pharmakonzerne zum Beispiel eine gute Gelegenheit, ihre Mitarbeit anzubieten.

Natürlich lassen sich auch in dieser Suppe Haare finden. Kritiker munkeln, dass die Arzneimittelhersteller mitmachen, weil sie sich mit öffentlicher Subventionierung Know-how, Patente und ein besseres Standing bei den Politikern sichern wollen. Auf jeden Fall tut sich etwas.

15 Patienten 2010 – Ende der Bequemlichkeit

Pharmaträume: Spätestens nach dem 55. Geburtstag wird es Zeit, die »Polypille« zu schlucken. Jede Tablette enthält sechs Wirkstoffe: Aspirin, ein Statin als Cholesterinbremser, Folsäure und drei Blutdrucksenker. Die Tagesdosis kostet rund einen Euro. Die Wahrscheinlichkeit, an einer Herzattacke oder an einem Schlaganfall zu sterben, sinkt bei regelmäßiger Einnahme um verlockende 80 Prozent.

Soweit die großartige Ankündigung. Tatsächlich kann niemand eine Polypille kaufen. Sie ist nicht im Handel. Heute nicht und im Jahr 2010 mit Sicherheit auch nicht. Die Multi-Wirkstofftablette war ein Versuchsballon der Redaktion des *British Medical Journal*. Die Story sollte der Öffentlichkeit die Augen über ihre unrealistischen Wünsche öffnen.

Die Redaktion tat alles, um ihrer Berichterstattung den Anstrich größter Seriosität zu geben. Das Journal veröffentlichte gleich drei Artikel zur Polypille. Der Herausgeber erhöhte mit seinem Vorwort die Spannung. Er schrieb, die Nachricht sei »wahrscheinlich die wichtigste seit Erscheinen des Blattes vor fünfzig Jahren«. Zwei Professoren kamen mit ihrem Multiwirkstoffkonzept zu Wort. Ihre Autorität verlieh den dick aufgetragenen Wohltaten einer Polypille die wissenschaftliche Weihe. Wegen der herausragenden Bedeutung des Themas wurde sogar eine Pressekonferenz einberufen.

Das Echo übertraf die kühnsten Erwartungen. Die Idee rollte

wie eine Lawine bei frischgefallenem Schnee weiter und weiter und begrub alle Zweifler unter sich. Zeitungen und Rundfunk stürzten sich auf das Thema. Die Internet-Suchmaschine *Google* fand kurz nach der Veröffentlichung 2960 Seiten zum Stichwort Polypille. 95 Prozent der keineswegs grauhaarigen Zuschauer des Fernsehsenders CNN outeten sich als potentielle Polypillen-Schlucker.

Als Journalist wundert man sich zuweilen, welche Informationen die Menschen kritiklos übernehmen. Auch die Redaktion des englischen Blattes staunte nicht schlecht. Die mündige Öffentlichkeit war stiftengegangen. Bedenken, die sechs Wirkstoffe der Polypille könnten sich gegenseitig stören – also das leidige Thema Wechselwirkungen –, äußerten nur einige wenige Leser per E-Mail.

Die Mehrheit blieb an der Idee von der Polypille kleben wie Millionen Fliegen an den Fliegenfängern. Der Kardiologenkongress in München 2004 wärmte das Thema wieder auf. Herzkrankheiten sind Todesursache Nummer eins. Auch in Deutschland. Wenn sich das Risiko vermindern lässt, nur zu.

»Gesundheit wird in einer stark alternden Gesellschaft zunehmend zu einem zentralen, geradezu mystischen Wert«, hat Renate Köcher, Chefin beim Meinungsforschungsinstitut Allensbach, bei einer Befragung der Deutschen herausgefunden. Das ist die Erklärung, warum der Traum von Arzneimitteln mit Tausendsassakräften auch im Jahrhundert der mündigen Patienten eine irrwitzige Hochkonjunktur hat. Die Menschen kaufen nahezu kritiklos, was ihr Geldbeutel hergibt. Sie wollen nicht akzeptieren, dass Tabletten oder Vitaminkapseln mit dem Versprechen, den 65. Geburtstag als Jungstar zu erleben, Luftnummern sind.

Die Gier nach Jugendlichkeit bringt die Menschen immer wieder um den Verstand.

Dabei könnte der richtige Umgang mit Arzneimitteln schon kleine Wunder vollbringen. Viele Menschen wären bei besserer Gesundheit, wenn sie ihre Tabletten etwas gewissenhafter einnehmen würden. Pillen, die nicht geschluckt werden, können Patienten ebenso schaden wie übertriebener Tablettenkonsum. Eine amerikanische Studie hat wissenschaftlich belegt, dass in den USA allein durch Nicht- oder Falschanwendung von Herz-Kreislauf-Mitteln jährlich etwa einhundertfünfundzwanzigtausend Menschen sterben. Übertragen auf Deutschland sind das etwa vierzigtausend Tote. Das sind unvergleichlich mehr Opfer, als alle arzneimittelbedingten Katastrophen der Neuzeit je gefordert haben. Hinzu kommen mehrere hunderttausend Krankenhausbehandlungen pro Jahr.

Non-Compliance, wie Fachleute die mangelnde Therapietreue nennen, ist eine weitverbreitete Unsitte. Die erklärenden Packungsbeilagen, deren Inhalt allerdings der Gesetzgeber vorschreibt, entflammen bestimmt nicht das Pflichtgefühl. Ihre Lektüre ist für viele Patienten der reinste Horror.

Die Firma Datamonitor, die sich, wie der Name ahnen lässt um allerlei Statistiken kümmert, hält nur ein Drittel der Verbraucher für so linientreu, Medikamente korrekt einzunehmen. Ein Drittel der Kranken oder einer Krankheit Vorbeugenden schwankt zwischen Gehorsam und Ungehorsam. Das letzte Drittel nimmt Arzneimittel, wann es ihnen und wie es ihnen passt. Besonders lasch sind depressive Patienten und Menschen, die zu dick sind oder die einen zu hohen Blutdruck haben.

Nach Lust und Laune
Vieles wird verschrieben aber nicht geschluckt

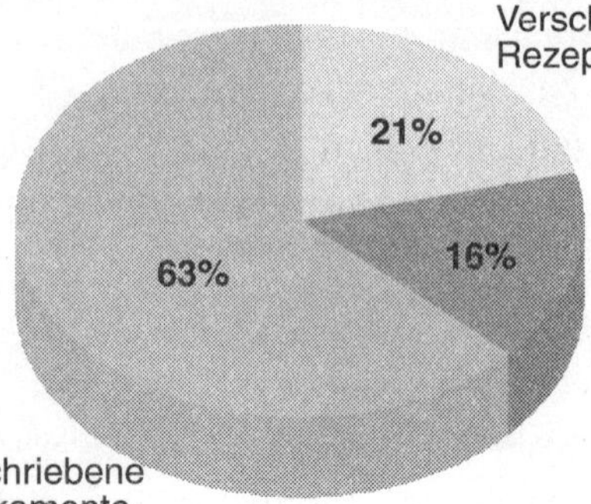

Indikation	tatsächliche Einnahme in %
Bluthochdruck	30 – 50
erhöhter Cholesterinspiegel	50
Depressionen	40 – 70
Diabetes Typ 2	45 – 75
Asthma	60

Quelle: FDA, Dorlands' Medical and Healthcare Marketplace Guide 2000, McKinsey analysis

Die stationäre Unterbringung macht die Menschen nicht vernünftiger. Jeder fünfte Klinik-Patient nimmt ein Mittelchen ein, das in seiner Krankenakte nicht verzeichnet ist. Er riskiert damit gefährliche Wechselwirkungen. Favoriten der Selbstmedikation sind Schmerz- oder Beruhigungstabletten und Medikamente gegen Sodbrennen. Dafür lassen die Kranken ohne große Gewissensbisse sogar die vorgeschriebenen Pillen in der Nachttischschublade verschwinden.

Die Folgen sind lausig: viertausend Tonnen Arzneimittel im Wert von 2 Milliarden Euro landen in Deutschland pro Jahr auf dem Müll und verschmutzen die Umwelt. Dieses Geld ließe sich besser in Las Vegas verjubeln.

Kassenfunktionäre sind keine Zocker. Sie haben dem Laissez faire energisch den Kampf angesagt. Das Erinnern und das Überwachen von Patienten wird in Zukunft so streng amtlich wie das Aufspüren von Parksündern auf der Straße.
Die Hersteller von medizintechnischem Gerät haben die Marktlücke bereits entdeckt. Das ist die nächste große Chance, Patienten tüchtig zur Kasse zu bitten.
Die US-Firma Aardex verkauft Fläschchen mit elektronischem Gedächtnis. Es vermerkt, wann die Flasche angebrochen wurde. Abends führt die Elektronik einen Soll-Ist-Vergleich durch, ob die vorgeschriebene Menge an Tropfen fehlt. Der Unterhaltungselektronik-Hersteller Bang & Olufsen wiederum entwickelte eine Tablettenschachtel, die Patienten mit sanftem Ton an die Einnahme ihrer Arznei erinnert.
Der Elektronikriese Philips bietet eine umfangreiche Kollektion Überwachungskleidung an. Ein Gürtel kann Herzrhythmusstörungen kontinuierlich erfassen. Bei schlechten Werten klingelt ein eingebautes Mobiltelefon beim Arzt, der die Medikamentendosis der Situation anpasst oder den Patienten in ein Krankenhaus einweist.
Speziell auf Frauen zugeschnitten ist der Herz-BH. Er misst die Aktivität des Organs in Brusthöhe. Weiterhin verkauft Philips einen Spiegel, der während des Zähneputzens mit Hilfe der Bürste automatisch den Blutdruck erfasst und am Spiegel anzeigt. Der Patient entscheidet dann, wie er seine Arzneimitteldosis anpasst.
Fettsüchtige, die lieber weiterschlemmen, statt zu fasten, werden in einigen Ländern per Telefon so oft an ihre Slim-Pille erinnert, bis die Anrufe fast hypnotische Wirkung entfalten.
Gemütlich, nein gemütlich ist das alles nicht, wie eine Anekdote verdeutlicht, die unter Medizinern kursiert. Eine Studienrätin um die 60 bat ihren Hausarzt, ihr eine umfassende

Verjüngungstherapie zusammenzustellen, nachdem sie sich, wie sie bekannte, von ihrem Mann getrennt hatte. Sie brauchte eine Polypille im Quadrat.

»Wie alt ist denn der neue Freund?« fragte der Arzt, um sich auf die richtige Beratung einzustellen. »Alle beide zusammengenommen sind jünger als mein Ex«, antwortete die Patientin verlegen.

Nachdem sie mit drei Rezepten zufrieden abgezogen war, tauchte sie in der Praxis nie wieder auf. Kein Lover hat es gern, wenn jede volle Stunde eine Stimme aus der Pillenschachtel mit der unerbittlichen Mechanik eines Kontoauszugdruckers rattert: »Zwanzig Tropfen bitte.« Doch hier hört die Fiktion schon wieder auf.

Die Tage der freien Arzneimittelkonsumenten sind gezählt.

16 Pharmaindustrie 2010 – Maßgeschneidert in die Zukunft

Weltmacht Pharma: Unter den fünfzig teuersten Unternehmen der Welt sind zehn forschende Arzneimittelkonzerne. Zehn Superstars.

Platz vier nach dem Elektrokonzern General Electric, dem Energieriesen Exxon und dem Softwaregiganten Microsoft belegt Marktführer Pfizer mit dem sagenhaften Börsenwert von 210 bis 250 Milliarden Dollar. Das ist mehr als das Bruttosozialprodukt von Schweden. Der Tageswert schwankt mit der Stimmung der Investoren und der allgemeinen Lage an den Aktienmärkten.

Die Pharmakonzerne sind auch wichtige Arbeitgeber. Sie beschäftigen weit über eine Million Mitarbeiter, fünfhundertneunundachtzigtausend davon in Europa. Sie geben 43 Milliarden Euro für Forschung und Entwicklung aus, nicht allzu üppige 3,8 Milliarden Euro davon in Deutschland.

Sie fühlen sich als Wohltäter der Menschheit. Und lasst uns gerecht sein: In gewisser Hinsicht stimmt ihre Sichtweise.

Fatal nur, dass das Sendungsbewusstsein irgendwann in eitle Selbstgefälligkeit und Ineffizienz umschlug. Die Pharmakonzerne haben in den letzten Jahren einen verdammt schlechten Job gemacht.

Es ist eine enorme Fehlleistung des Topmanagements, dass die Pipelines austrocknen und die Generikahersteller sich anschicken, die Herrschaft der Märkte zu übernehmen. Die Nachahmer sind absolut notwendig für die Finanzierbarkeit

des Gesundheitswesens, aber sie bringen keinen Fortschritt. Sie kopieren den Fortschritt.
Dabei fehlt es den Originalherstellern nicht an großen Zielen. Im Gegenteil. Die forschenden Pharmakonzerne müssen Lösungen finden, um Krebs und andere Krankheiten zu heilen, statt nur die Symptome zu behandeln. Sündteure Dauertherapien, an die wir uns leider gewöhnen mussten, würden endlich überflüssig.
Mit den heute üblichen Heilverfahren leben die Methusalem-Gesellschaften über ihre finanziellen Möglichkeiten. So etwas funktioniert nicht ewig. Wir geben 11,2 Prozent vom Bruttosozialprodukt für die Gesundheit aus. Und wieviel Prozent werden es morgen sein? Die Amerikaner sind schon bei 14 Prozent angekommen.
Es ist auch zu kurz gesprungen, nur an die Menschen in Berlin, Chicago oder Tokio zu denken. Die Weltgesundheitsorganisation rechnet in den nächsten Jahren mit einem rasanten Anstieg der Krebs- und Herzerkrankungen in den Niedriglohnländern Asiens und Südamerikas.
Natürlich stehen wir nicht mit leeren Händen da: Die Gentherapie wäre in der Lage, die Krankheiten an der Wurzel zu packen und zu heilen. Der erste Todesfall eines gentherapeutisch behandelten Menschen warf jedoch die Wissenschaftler und ihre hochzüngelnde Zuversicht um Jahre zurück. Vor 2020 ist mit der Heilung durch Genmedikamente nicht zu rechnen. Die Wissenschaftler müssen noch viel dazulernen.
Schneller Entlastung für die gestressten Gesundheitssysteme schafft die »personalisierte Medizin«. Darunter versteht man Arzneimittel mit einem perfekten Zuschnitt auf Personengruppen mit gleichen Eigenschaften. Das ist ein großer Fortschritt für die Patienten. Die Öffentlichkeit nimmt von dieser umwälzenden Entwicklung kaum Notiz. Dabei geht sie jeden

von uns an. Die Fachwelt ist bereits elektrisiert. Die personalisierte Medizin bedeutet das Ende der Vorherrschaft der Blockbuster.
Sicherlich wird es auch nach 2010 noch Milliardenumsatz-Medikamente geben. Aber es werden die Ausnahmen sein. Die Schlüsselprodukte gehören dann nicht mehr dazu.
Niemand sollte den Blockbustern eine Träne hinterherweinen. Arzneimittel für Millionen Patienten mit ähnlichen Symptomen, aber unterschiedlichen Krankheiten sind eine ökonomische Verschwendung und ein medizinisches Debakel. Sie helfen nur 30 bis 50 Prozent der Kranken. Das ist ein eklatantes Missverhältnis zwischen Einsatz und Ergebnis.
5 bis 10 Prozent der Einlieferungen in Krankenhäuser und Kliniken gehen auf falsch angewendete Medikamente oder extreme Nebenwirkungen und Wechselwirkungen zurück. Es ist die viert- bis sechsthäufigste Todesursache. So genau will man es offenbar gar nicht wissen, um keine Regressforderungen zu provozieren. Es ist eine Begleiterscheinung der Eine-Tablette-für-alle-Pharmazie.

Mühsame Revolution

Die Maßmedizin lässt diese Nachteile auf Fingerhutgröße schrumpfen. Doch die Mächtigen lassen sich nicht so leicht ausmanövrieren. Big Pharma mauert noch.
Das herrschende Blockbustermodell ist eine brillante Einrichtung, um unglaublich viel Geld zu verdienen. Wer nimmt von solchen Segnungen gerne Abschied? Die Investitionen in Labors, Produktionsanlagen und Sales Force sind auch noch nicht abgeschrieben – keine Einladung zu einem radikalen

Wechsel. »Sie suchen Halt im Althergebrachten«, vermerkt ein Gutachten der Research-Gesellschaft Frost & Sullivan.
Jim Gilbert, bis Ende 2003 Direktor der Beratungsfirma Bain in München, heute in Boston, appelliert an die Pillenzunft, »offensiv aus der Blockbustermentalität auszubrechen und die Chancen der Maßmedizin zu ergreifen«. Wer sich sträubt, menetekelt der Fachmann, könnte die Entwicklung höchstens verzögern, aber nicht mehr stoppen und wahrscheinlich verpassen.
Wenn der Vorstand an der Spitze eines Pharma-Unternehmens endlich mitzieht, reicht das nicht. Er muss versuchen, die gesamte Firma hinter sich zu bringen.
Die Lehmschicht der mittleren Führungsebene lässt die neuen Ideen nur tropfenweise durch. Da herrscht nackte Panik. Der Regionalleiter Verkauf ist an hohen Umsätzen interessiert. Hier und heute. Diesen Erfolg bringen ihm die Reps und die Blockbuster. Aber irgendwann werden die Beharrer und Verhinderer aufgeben müssen.

Der IBM-Effekt

Die Managerin Carol Kovac leitet bei IBM die Sparte Pharma/Life Sciences und gehört nach Einschätzung des Magazins *Fortune* zu den fünfzig einflussreichsten Frauen Amerikas. Ihr Verantwortungsbereich mit 4,8 Milliarden Dollar Umsatz wächst schneller als alle anderen IBM-Geschäfte. Die Digitalisierung der Arzneimittelbranche ist in Fahrt gekommen.
Die Wissenschaftlerin kam 1983 zu IBM. Sie erlebte hautnah, wie sich die Marktkräfte drehten und das Unternehmen in eine

existentielle Krise stürzten. Carol Kovac: »IBM könnte eine Warnung für Big Pharma sein.«
Wie sich die Bilder gleichen. Der Computerbauer beherrschte in den sechziger und siebziger Jahren mit seinen Großrechnern Wissenschaft und Industrie. »Big Blue« war der King. IBM-Mainframes simulierten Flugzeugstarts, sie berechneten Wetterprognosen und die Schnittigkeit von Dummies im Windkanal der Autokonzerne. IBM diktierte die Preise und bestimmte den industriellen Fortschritt nach dem Motto: Alles funktioniert mit meiner genialen Technik.
Der Siegeszug der Personalcomputer aus Asien veränderte die heile IBM-Welt innerhalb weniger Monate. Der Star stand vor dem Zusammenbruch, hatte aber noch genug Kraft, sich neu aufzustellen. Doch die Vorherrschaft des Unternehmens ist seitdem gebrochen. Dell Computer, Microsoft und Hewlett-Packard hetzen den gestrauchelten Primus.
Pfizer, GlaxoSmithKline, Sanofi-Aventis, Merck, Novartis: So heißen die IBMs der Pharmabranche. Die Blockbuster sind ihre Mainframes. Die »Personalcomputer« sind die zugeschnittenen Medikamente. Es kann jeder seine Phantasie schweifen lassen, was in den nächsten fünf bis zehn Jahren in der Arzneimittelindustrie passieren wird.

Exklusiv pro Patient

Wenn die personalisierte Medizin so große Vorteile hat, ist die Frage erlaubt, warum erst jetzt? Warum kamen im letzten Jahrhundert keine klugen Leute auf die Idee, Arzneimittel auf die Patienten zuzuschneiden? Die Antwort ist ganz einfach: Man konnte es nicht. Voraussetzung für die personalisierte

Medizin ist ein biologisches Verständnis für die Ursachen und Wirkungen von Krankheiten, wie es vor zwanzig oder dreißig Jahren noch fehlte.

Das Raster für die personalisierten Medikamente sind nicht Landsmannschaften wie Bayern und Berliner oder Äußerlichkeiten wie Blondinen und Brünette, es sind Gene. Der neue Wissenschaftszweig, der sich damit befasst, wie Menschen auf Medikamente reagieren, heißt »Pharmacogenomics«.

Spezielle Gene lassen zum Beispiel Tumoren wachsen. Die Ärzte unterscheiden heute nicht nur Darm-, Lungen oder Magenkrebs – je nachdem, welches Organ befallen ist. Sie haben zweihundert genetisch gesteuerte Unterarten entdeckt. Bis 2010 werden sie wohl an die zweitausend Krebsvarianten kennen. Jede bietet einem Medikament ein anderes Angriffsziel. Auch dafür gibt es einen festen Begriff, von dem wir noch viel hören werden: »targeted medicine«.

Wende mit System

Einige wenige maßgeschneiderte Krebsmedikamente sind bereits auf dem Markt, Dutzende stecken in der Pipeline.

Das bekannteste ist Herceptin gegen Brustkrebs. Das Biotechprodukt hindert ein übertrieben fleißiges Enzym, dessen Tätigkeit den Tumor auslöst, an der Arbeit. Herceptin hilft aber nur 30 Prozent der Frauen. Bei anderen Brustkrebstypen ist das Produkt wirkungslos.

Es wäre Wahnsinn, das Medikament allen Patientinnen zu verabreichen und 70 Prozent enttäuscht und ungeheilt wieder nach Hause zu schicken. Die Hersteller Genentech/Roche entwickelten Gott sei Dank einen Test, um vorher heraus-

zufinden, für welche Frauen Herceptin die richtige Medizin ist.
Mit anderen Tests lassen sich Krankheiten im Frühstadium diagnostizieren oder feststellen, wie schnell ein Patient sein Mittel gegen Migräne, gegen Leber- und Galleleiden, gegen Impotenz und Venenschwäche abbaut. Die Geschwindigkeit schwankt von Mensch zu Mensch. Wenn man sie kennt, lassen sich der günstigste Zeitpunkt und die optimale Dosierung des Arzneimittels bestimmen.
Selbst die Behandlung von Aids-Patienten ist heute gezielter möglich als vor wenigen Jahren. Die Ärzte testen, gegen welche Medikamente ein HIV-Kranker resistent ist. Sie sortieren vorher aus, was nicht wirkt.

Futterneid

Das Handwerkszeug für die personalisierte Medizin, die Entwicklung von Tests und Chips mit Genschnipseln, gehört in die Schublade »Diagnostik«. Das ist ein wesentlich anderes Geschäft als die Pharmaka. Einige Konzerne wie Roche oder Bayer haben eine große Diagnostiksparte, aber die gegenseitigen Sympathiewerte zwischen Therapeuten und Diagnostikern sind traditionell niedrig. Gemeinsame Sache zu machen fällt ihnen entsetzlich schwer.
Die Schlüssel für die personalisierte Medizin halten also nicht die großen Pharmakonzerne in der Hand. Biochip-Spezialisten geben den Takt vor. Das sind überwiegend junge Unternehmer, die ihren eigenen Kommerz aufgebaut haben. Sie strotzen vor Tatendrang und Selbstbewusstein.
Schrittmacher war Affymetrix aus Kalifornien. Stephen P.A.

Fodor, Gründer und Chef dieses Unternehmens, ist in der Gesundheitsbranche so berühmt wie die Erfinder der Suchmaschine Google bei Internetsurfern. Vibrierend sitzt Fodor ganz vorn auf der Stuhlkante und schildert mit festem Blick und einem subtilen Siegerlächeln, wie er die Branche weiter aufmischen wird.

In Deutschland ist Biochiphersteller Epigenomics mit Firmenchef Alexander Olek auf den Zug der maßgeschneiderten Medizin aufgesprungen. Der studierte Mathematiker und Biochemiker ist der Vorzeigeunternehmer der deutschen Biotechbranche. Olek hat als »Entrepreneur des Jahres« und »Visionär« schon reichlich Lorbeeren eingeheimst, darunter den Deutschen Gründerpreis – und er lechzt nach mehr. Die Partner von Epigenomics sind dieselben wie von Affymetrix: die großen Pharmakonzerne.

Die umtriebigen Neulinge schaffen Werte. Vereinnahmt wird der größte Teil der Medikamentenerlöse jedoch von den Arzneimittelherstellern, deren Zulieferanten sie sind. Für die Newcomer bleiben vom Festmahl nur die Krümel übrig.

Die Krankenkassen müssen weltweit dringend ihre Vergütungssysteme umstellen – oder sie würgen die gesamte Entwicklung ab. Die gerechte Aufteilung der Kassenleistungen auf Medikament und Diagnostikanteil wird noch ein Hauen und Stechen geben.

Großreinemachen

Klar ist: Die Pharmaindustrie steht vor dem größten Radikalumbau ihrer jungen Geschichte. Es gibt einfach eine Menge zu erledigen, weil zuletzt zuviel in die falsche Richtung gelaufen ist. Die Profiteure der Erneuerung sind ausnahmsweise die Patienten.

- Die Revolution beginnt in der Forschung. Fachleute sagen voraus, dass es bald möglich sein wird, die Zellstrukturen des Menschen am Computer zu simulieren und mit virtuellen Patienten zu arbeiten wie die Autobranche mit Dummies. Das würde die aufwendigen Prozesse drastisch vereinfachen und verkürzen. Es werden Unternehmen entstehen, die nur vom Vermieten solcher Simulationsmodelle leben. Ihr Service kann von kleineren und mittleren Unternehmen gemietet werden. Universitäten und wissenschaftliche Institute übernehmen mehr Aufgaben als heute.
- Die klinischen Studien werden kräftig gestutzt. Die Auswahl der Testpersonen erfolgt bei der personalisierten Medizin gezielt nach dem jeweiligen genetischen Strickmuster. So wird das Ausprobieren neuer Wirkstoffe an Tausendschaften überflüssig. Die Testpatienten stehen künftig unter lückenloser Überwachung. EDV-Programme werten die Daten in Echtzeit aus. So ist es möglich, Fehlentwicklungen schnell anzuhalten.
- Personalisierte Medikamente sind hauptsächlich biologische Produkte. Den Part ihrer komplizierten Herstellung übernehmen in zunehmendem Umfang Spezialfirmen.
- Der Aufbruch. Ein Abbruch. Der große Verkaufsapparat,

die wichtigste Trumpfkarte von Big Pharma, wird bei der personalisierten Medizin nicht mehr gebraucht und muss kräftig eingedampft werden. Auch mittelgroße Unternehmen und Spezialisten haben wieder bessere Chancen.

Es wird eine völlig neue Arbeitsteilung geben. Die großen Konzerne lösen sich auf, oder sie machen es wie IBM und stellen alles auf den Kopf. Der US-Konzern Johnson & Johnson hat damit angefangen, die Organisation in viele selbständige Einzelteile zu zerlegen.
Potenzpillen-Erfinder Pfizer testete den Produktnamen Viagra auf seine Tauglichkeit für das Firmenschild einer Tochtergesellschaft mit dem Arbeitsgebiet Sexualität. Vielleicht schon ein Vorbote der neuen Zeit?
Die Diagnostikhersteller werden in Zukunft einen viel wichtigeren Part übernehmen, als sie heute haben. Die starken Biotechfirmen, die Amgens und Genentechs, steigen mit ihren personalisierten Produkten weiter auf. Wir werden Medikamente von Unternehmen verwenden, deren Namen wir vorher nie gehört haben. Aber Hand aufs Herz: Wer kannte vor zehn Jahren schon Dell oder Google?

Es lebe die Leistung

Kleingläubig oder vorsichtig? Die Gesundheitspolitiker sind misstrauisch, ob sich die personalisierte Medizin eines Tages als Preis-Monster herausstellen wird. So war es bisher immer, wenn innovative Medikamente den Markt erreichten. Die Entwicklung von Gentests ist schwierig und sehr, sehr teuer. Das

lässt Böses ahnen. Doch die Experten versichern, diesmal laufe es anders.
Die Ausgaben für Forschung und Entwicklung können auf ein Viertel der heutigen Summen zurückgestutzt werden – das haben die Experten von IBM ausgerechnet. Auch wenn man diesen Optimismus nicht teilt: Das neue Verständnis für Krankheiten und das frühzeitige Aussortieren der Luschen wirken wie ein Sparprogramm. Außerdem fallen die Milliarden weg, die bei Blockbustern wegen des niedrigen Wirkungsgrads durch den Verdauungstrakt hinausgejagt werden. Das einzelne, das individuelle Medikament wird nicht billiger. Die verbrauchte Menge geht zurück. Das zählt.
Therapien kommen in Zukunft im Behandlungspaket zum Patienten, bestehend aus Test, Arzneimittel, Überwachungsgeräten und so manchem Wohlfühlservice. Die Kontrollinstrumente werden mitgeliefert. Die Chancen stehen gut, dass sich der Verteilungskampf zwischen Kasse und Hersteller versachlicht, wenn Erfolg und Misserfolg messbar werden.
Die Vorteile liegen auf der Hand. Das Ende der Blockbuster wird schneller kommen, als wir es uns heute vorstellen können.

Die Wette gilt.

Anhang

Zwölf Super-Blockbuster *

Rang	Produkt	Hilft bei	Hersteller	Umsatz in Mrd. $
1	Lipitor, Sortis	erhöhtem Cholesterinspiegel	Pfizer	12,2
2	Seretide	Asthma	GlaxoSmithKline	5,24
3	Plavix	Thrombosen	Sanofi-Aventis	5,24
4	Norvasc	Bluthochdruck	Pfizer	4,69
5	Nexium	Magenbeschwerden	AstraZeneca	4,63
6	Zocor	erhöhtem Cholesterinspiegel	Merck	4,40**
7	Zyprexa	Depressionen	Eli Lilly	4,40
8	Erypo	Niereninsuffizienz	Janssen	4,10
9	Agopton, Ogastro	Magenbeschwerden	Takeda	3,97
10	Effexor	Depressionen	Wyeth	3,60
11	Enbrel	rheumatischer Arthritis	Wyeth	3,60
12	Zoloft	Depressionen	Pfizer	3,50

*Umsatz von 01.04.2004 - 31.03.2005

**Zocor verliert 2006 in den USA seinen Patentschutz. Der Umsatz wird dann auf 2,3 Mrd. Dollar oder weniger einbrechen und das Medikament aus der Hitliste fallen.

Quelle: IMS und Herstellerangaben

Die Spitzenreiter

Rang	Firmenname	Pharma-umsatz* 2004 (Mrd.$)	Ausgaben für Forschung & Entwicklung 2004 (Mrd.$)	Firmensitz
1.	Pfizer	47,4	7,5	New York, US
2.	Sanofi-Aventis	33,3	4,0	Paris, FR
3.	GlaxoSmithKline	32,5	4,5	London, GB
4.	Novartis	32,2	3,8	Basel, CH
5.	AstraZeneca	23,9	3,4	London, GB
6.	Johnson & Johnson	22,3	4,7	New Brunswick, US
7.	Merck	22,0	3,8	Whitehouse, US
8.	Roche/Genentech	21,3	4,0	Basel, CH
9.	Wyeth	15,3	2,1	Madison, US
10.	Bristol-Myers Squibb	15,0	2,5	New York, US
11.	Eli Lilly	14,6	3,0	Indianapolis, US
12.	Abbott Labs	13,3	1,6	Abbott Park, US
13.	Amgen	12,0	1,9	Thousand Oaks, US
14.	Takeda	10,4	1,1	Osaka, JP
	Die Deutschen			
15.	Boehringer Ingelheim	9,7	1,8	Ingelheim
17.	Bayer Pharma	3,42	1,1	Leverkusen
19.	Schering	6,3	1,6	Berlin
23.	Merck	4,2	0,5	Darmstadt
36.	Altana	2,9	0,6	Bad Homburg
50.	Schwarz Pharma	1,3	0,3	Monheim

*Es sind die Umsätze mit verschreibungspflichtigen Medikamenten und Generika. Diagnostika, Tiermedizin und nicht verschreibungspflichtige Produkte (OTC-Geschäft) sind nicht enthalten. Diese Geschäfte sind bei einigen Gesellschaften sehr bedeutend. Der Umsatz mit Diagnostika macht bei Roche zum Beispiel 5,3 Milliarden Euro aus. Bayer setzt im Bereich Healthcare (Gesundheit) 7,92 Milliarden Euro um und ist damit weltweit die Nummer zwei, bei Pharma nur die Nummer 17.

Quelle: Geschäftsberichte 2005, IMS, eigene Recherchen

Anmerkungen

Einleitung

Die Berechnung des Lipitor-Kaufpreises ist entnommen: *Achieving World Class Performance in Pharmaceutical Product Launches*, hg. von McKinsey & Company, 2002, S. 8 f. Die drei angeführten Unternehmen sind American Home Products (heute Wyeth), Merck und Pfizer. Der Lipitor-Hersteller war 1982 an der Börse 8,6 Milliarden US-Dollar wert, also nur ein Viertel soviel wie später sein wichtigstes Medikament.

Sortis/Lipitor bringt es inzwischen auf 81,8 Millionen »Patientenjahre«. Das ist die international übliche Messgröße für die Breite der Verordnungen und der damit verbundenen weltweiten Akzeptanz. Die Zahl errechnet sich aus der Anzahl der Tabletten, die bislang weltweit abgegeben wurden, geteilt durch 365 Tage. (Quelle: IMS Global Data Q4, 2003)

Gesundheitsmarkt – ein Wachstumsmotor?, Economic Research, Studie hg. von der Allianz Gruppe/Dresdner Bank, 28. Juli 2004.

Run auf Lifestyle-Drugs von Demografie verstärkt, Research Nr. 244, Studie hg. von der Deutschen Bank, 12. November 2002.

1. Kapitel: Pharmareferenten

Neue Daten zur Online-Nutzung von Medizinern liefert der *Gesundheitsmonitor* der Bertelsmann-Stiftung, Gütersloh, August 2004. 90 Prozent der befragten Ärzte erwarten, dass dem internetbasierten Lernen in Zukunft eine größere Bedeutung zukommt. Es fehlt aber das passende Angebot.

Die Bertelsmann-Untersuchung geht auch auf e-Detailing ein. Dabei kommt der Pharmareferent nicht mehr regelmäßig in die Praxis. Der Gedankenaustausch findet zum Teil über Telefon und Internet statt.

Jürgen Bufler, *Besondere Herausforderungen im Klinik-Außendienst*, Vortrag vom 8. Juli 2004 in Berlin.

Ein Oscar für den Außendienst, Boehringer Ingelheim Zeitung, Ausgabe 1–2, 2003.

16th edition of its Pharmaceutical Sales Force Structures & Strategies Ranking Tables, Verispan Yardley (USA) vom 20. Mai 2004.

Statistische Daten zur Außendiensteffizienz, Rangliste der Pharmaunternehmen und der Blockbuster werden regelmäßig veröffentlicht von: IMS Health GmbH, Hahnstrasse 30-32, 60528 Frankfurt am Main, www.ims.health.de.

Das Zitat von Novartis-Pharmachef Thomas Ebeling stand in *Kampf mit harten Bandagen, Neue Zürcher Zeitung* vom 2. April 2001.

Wer hat die kompetentesten Pharmaberater? PM-Report 11 vom 23. November 2004, S. 23.

2. Kapitel: Korruption

Transparency International definiert Korruption folgendermaßen: »Der heimliche Missbrauch von öffentlicher oder privatwirtschaftlicher Stellung oder Macht um privaten Nutzen oder Vorteil.« Es gibt andere, meist enger gefasste Definitionen. Den Bericht über Betrug und Korruption im Deutschen Gesundheitswesen bekommt man über die Internetadresse: www.transparency.de.

Anschrift des Vereins Freiwillige Selbstkontrolle für die Arzneimittelindustrie e.V., Friedrichstraße 50, 10117 Berlin, Tel. 030 / 2 06 59-0.

Das Beispiel vom Lara-Strand stand in Pharma Relations, Juli 2004. S. 6.

Nach dem Antikorruptionsgesetz von 1997 dürfen Amtsträger keine Geschenke annehmen.

Zu der Beziehung Arzt/Pharmaunternehmen im Ausland siehe: *Pharma-Physician Conundrum*, Pharmaceutical Executive vom 1. Juli 2003. – Katharine Greider, *The Big Fix. How the Pharmaceutical Industry Rips Off American Consumers*, New York 2003.

In den USA gab es in den letzten Jahren zahlreiche Betrugsfälle, über die auch in Deutschland berichtet wurde, die aber mit dem amerikanischen Gesundheitssystem in Zusammenhang stehen und für Europa nicht relevant sind. Pharmaunternehmen dürfen in den USA ihre Medikamente privaten Gruppen nicht billiger anbieten als dem staatlichen Medicare-System.

Zu dem Vorwurf gegen die Firma Fujisawa: *Bis dass der Tod sie scheidet. Eine Razzia in dt. Transplantationszentren zeigt: Pharmariesen kämpfen mit allen Mitteln um das Milliardengeschäft mit Organempfängern*, Der Spiegel, vom 14. Juli 2003, S. 81.

Pharmafirmen auf dem Schirm. Medikamentenhersteller beliefern Arztpraxen mit Software und beeinflussen so, was verschrieben wird, Süddeutsche Zeitung vom 3. Februar 2004.

3. Kapitel: Werbung

Zur Effizienz von Direktwerbung in den USA gibt es zahlreiche Untersuchungen mit zum Teil widersprüchlichen Ergebnissen, siehe u. a. *Consumer ads boost sales in a therapeutic class*, Scrip World Pharmaceutical News vom 1. August 2002, S. 17. – *Sport, sex and drugs*, MedadNews vom 11. Juni 2004.

Zur Schleichwerbung im Fernsehen: *»Die Ratgeber« – Wie nahe sind sich Medizinsendungen und Pharmafirmen?* Süddeutsche Zeitung vom 9. Dezember 2003, S. 19. – *Betrug am Zuschauer*, Der Spiegel vom 14. August 2000, S. 96.

Zur Schleichwerbung von Novartis siehe Klaus Bold, *Schnelles Geld. In der Krise verfallen die Werbesitten. Der Springer-Verlag wehrt sich.* manager magazin, Ausgabe 11 vom 1. November 2003, S. 32.

Who's Minding the Drugstore?, The New York Times vom 29. Juni 2003.

Sind die Aussagen medizinischer Werbeprospekte korrekt? Recherchen eines Autorenteams in: arznei-telegramm vom 13. Februar 2004, S. 21–27.

Finden Sie Haarausfall peinlich, Hannes Jaenicke? Gala vom 10. April 2003, S. 7.

New Prescriptions in Erectile Dysfunction Market Grow 16% following Super Bowl Ad Blitz, Verispans Vector, Yardley (USA) vom 26. Februar 2004.

Potente Tipps von Pele, Die Zeit vom 11. September 2003.

Sicherheitsrisiko: Arzneimittel-Info zu Viagra im Internet, Diabetes-Journal Ausgabe März 2004, S. 4.

Die Studie von Elizabeth Murray, wonach das Internet die Information, aber auch die Unvernunft von Kranken fördert, wurde von der Cochrane Collaboration 2004 veröffentlicht. Www.cochrane.org.

Riskanter Impfstoff, Der Journalist, Oktober 2004. Titelgeschichte über die Verquickung von PR-Arbeit und Gesundheitsberichterstattung.

How the internet affects patients' experience of cancer: a qualicative study, British Medical Journal vom 6. März 2004.

4. Kapitel: Marketing

Die Typologie ist der Studie entnommen: *Achieving World Class Performance in Pharmaceutical Product Launches*, hg. von McKinsey & Company, 2002, S. 21 u. 22.

Gelbe Liste, Identa, MediMedia, Medizinische Informations GmbH, Neu-Isenburg. Jedes Jahr erscheint eine neue Ausgabe.
Die bekanntere *Rote Liste* ist das deutsche Arzneimittelverzeichnis mit 8992 Präparaten. 90 Prozent der Verordnungen entfallen auf 2300 Arzneimittel. Wenn von 40 000 Arzneimitteln in Deutschland die Rede ist, werden die verschiedenen Darreichungsformen aufaddiert.

Der Schilderung von Interbrand-Wood in den USA liegt das Buch zugrunde: Alex Frankel, *Word Craft*, New York 2004, S. 125–165. Für Rückfragen in Deutschland zuständig: Interbrand Zintzmeyer & Lux, Brandswiete 4, 20457 Hamburg.

Rot, grün oder blau – Welches Rezept hilft Mann wieder auf die Sprünge?, Bay Health News vom 25. Februar 2004.

Das Unbekannte erkunden. Der Forscher, der ein Medikament gegen Impotenz entwickelte, Bayer Research, Ausgabe 15 (Forschungsmagazin), Dezember 2003. Kann unter www.bayer.de angefordert werden.

Tadalafil (Cialis) = Langzeit-Viagra?, arznei-telegramm vom 14. Februar 2003.

Kampf um die Potenz, Capital vom 26. Juni 2003.

Gerhard F. Riegl, *Neuorientierung beim Zielgruppen-Marketing – oder: Kunden sind wichtiger als innovative Produkte.* Vortrag, Handelsblatt Jahrestagung Pharma, Berlin 19./20. März 2003.

Jürgen Bausch, *Pharmamarketing aus der Sicht eines Kunden.* Vortrag, Handelsblatt Jahrestagung Pharma, Berlin 19./20. März 2003.

Malcom Gladwell, *Der Tipping Point. Wie kleine Dinge Großes bewirken können*, Berlin Verlag, 2000.

Clipping Coupons, now. Pharma companies are targeting Consumers' pocketbooks with offers of savings, Pharmaceutical Executive vom 1. April 2004.

Über den unterschiedlichen Arzneimittelverbrauch in Europa: *Drug sales in four European countries still differ*, British Medical Journal, 13. Dezember 2003, S. 1404 f.

Die Quelle für die Rangliste der japanischen Firmen ist von IMS Health, London. Die zehn größten Unternehmen sind: Takeda, Pfizer, Sankyo, Chugai Seiyaku, Otsuka, Novartis, Daiichi, Elsai, Yamanouchi, Merck.

Was Bill sauer aufstößt, Fallstudie Nexinn-Einführungskampagne, Pharma Relations vom Oktober 2001, S. 28.

5. Kapitel: Generika

Ausführliches Datenmaterial über den Generikamarkt veröffentlichen die großen Investmentbanken, unter anderem *The Future of the Generic Drug Industry. An Insider's View and Industry Primer*, Bank of America, Securities, United States, Sommer 2003, und *Generics in Europe. Growing pains*, Nomura European Equity Research, London, Juli 2003.

Auf der Website des Generikaherstellers Barr, www.barrlabs.com, werden die Besonderheiten der Generikamärkte anschaulich erklärt.

Konkurrenzdruck hält die Forscher in Atem, Financial Times Deutschland vom 30. September 2004.

Ian Sanderson, *The battle for intellectual property: Innovators vs. Generic Drug Manufactures.* Vortrag, Biotechnology Industry Organization Annual Meeting, San Francisco, 6. Juni 2004.

AstraZeneca facing censure from Brussels over drug patent system, Financial Times vom 5. August 2004.

Warum Patente den Fortschritt fördern, Future – Das Aventis Magazin, Januar 2004, Seite 32–34.

Die Firma Schwarz Pharma hat zu Omeprazol in den USA zahlreiche Pressemitteilungen herausgegeben, siehe dazu: www.schwarzpharma.com.

Die Prozac-Story ist detailliert geschildert in: Bethancy McLean, *A bitter pill*, Fortune vom 13. August 2001, S. 56–63.

Biosimilars – ein Markt der Zukunft? Vortrag von Dr. Philippe Tremml, Euroforum, Stuttgart, 20. September 2005.

6. Kapitel: Preise

Die Meinung der Bundesbürger über die Preise von Medikamenten und ihre Einstellung zur Pharmaindustrie ermittelte das Institut für Demoskopie Allensbach. Dazu ein Vortrag der Allensbach-Geschäftsführerin Prof. Dr. Renate Köcher: *Arzneimittel und öffentliche Meinung*, Juni 2004, gehalten in Bonn. Auswertung der Ergebnisse in: *Wertigkeit und Preis von Arzneimitteln aus Sicht der Bevölkerung. Demoskopie und Schlussfolgerungen.* Bundesverband der Arzneimittel-Hersteller, Pharm. Ind. 66 Nr. 9. Bonn 2004.

Karl H. Schlingensief, *Preisbildung für Innovationen im Spannungsfeld zwischen Markt und sozialer Verantwortung,* Vortrag, Handelsblatt Jahrestagung Pharma, 22./23. März 2004.

Zu den in Deutschland unterdurchschnittlich verordneten Innovationen: *Pharma Fokus Europa. Deutsche Gesundheitsreform 2004.* Vontobel Equity Research Europe, Dezember 2003.

Die deutsche Firma Merck KGaA in Darmstadt und der US-Konzern Merck & Co. sind zwei Gesellschaften, die nichts miteinander zu tun haben. Lediglich die Wurzeln sind die gleichen. Im Jahr 1668 gründete Friedrich Jacob Merck die Engel-Apotheke in Darmstadt. Aus der amerikanischen Tochtergesellschaft Merck & Co. entwickelte sich nach der Enteignung im Ersten Weltkrieg ein eigener Konzern. Die deutsche Tochtergesellschaft des US-Konzerns mit Sitz in München heißt MSD Sharp & Dohme.

Die Glivec-Kalkulation ist entnommen: Daniel Vasella, *Magic Cancer Bullet. How a Tiny Orange Pill Is Rewriting Medical History*, New York 2003, S. 176–182.

Zum Thema Aids siehe: Fran Hawthorne, *The Merck Druggernaut. The Inside Story of a Pharmaceutical Giant*, New Jersey 2003, S. 197–221. Erika Check, *Aids drug price hike prompts calls for intervention,* nature, Ausgabe 6987 vom 6. Mai 2004. Vera Zylka-Menhorn, *HIV bleibt ein trickreicher Gegner,* Deutsches Ärzteblatt vom 23. Mai. *HIV: Therapiechancen nach Versagen aller Medikamente,* Deutsches Ärzteblatt vom 5. Juli 2004. *Etwa 46 Millionen HIV-Infizierte auf der Welt,* Berichte von der Aids-Konferenz in Bangkok, Frankfurter Allgemeine Zeitung vom 13. Juli 2004. Phil Cohen, *Nowhere to hide,* New Scientist vom 3. April 2004.

Roger Parloff, *The New Drug War,* Fortune Magazine vom 8. März 2004.

Zur Würdigung von NICE: Editors Choice: *The triumph of Nice*, British Medical Journal vom 24. Juli 2004, S. 329.

Die Entscheidung, was ein zusätzliches »Quali« das englische Gesundheitssystem maximal kosten darf, fällt nicht in die Kompetenz von NICE. Das ist Sache der Politiker. Hat NICE zum Beispiel ein positives Gutachten für ein Mittel erstellt und viele lebenswerte Jahre für die Engländer errechnet, kann das Gesundheitsministerium die Verschreibung trotzdem ablehnen. Zum Beispiel wenn die Volkswirtschaft die Behandlung von Millionen Menschen nicht finanzieren kann. Die Pharmaindustrie ist ihrer moralischen Pflicht zur Preisdisziplin nicht entbunden. Je teurer ihre Medikamente sind, desto weniger Therapien kann sich das Land leisten.

Interessante Beispiele, wonach die Nachfrage durch den pharmazeutischen und technischen Fortschritt steigt und nicht sinkt, siehe Allianz-Studie *Gesundheitsmarkt – ein Wachstumsmotor*, Economic Research, Studie hg. v. der Allianz Gruppe/Dresdner Bank, 28. Juli 2004.

7. Kapitel: Impfungen

Zum Schutz vor Krankheiten haben wir unser Immunsystem. Dessen Hauptaufgabe ist die Beseitigung eindringender Krankheitskeime. Abwehrzellen des Immunsystems patrouillieren durch unseren Körper, um Eindringlinge unschädlich zu machen. Die Erhöhung der Anzahl der Abwehrzellen gegen eine bestimmte Infektion ist das Ziel einer Impfung. Häufig sind mehrere Impfungen notwendig, so dass die Industrie versucht, durch Kombinationsimpfstoffe die Effizienz zu optimieren. Auf Grund der Tatsache, dass viele Krankheitserreger in immer wieder neuen Formen auftreten, müssen ständig neue Impfstoffe entwickelt werden.

Zahlen über den Impfmarkt und aktuelle Trends: www.evm-vaccines.org. Das ist die Internetseite des Verbands der Europäischen Impfstoffhersteller. Angaben auch von Vontobel Equity Research, interne Berechnungen, Basel 2003.

In Deutschland kümmern sich zwei Institute um die Impfstoffe. Für die Zulassung ist zuständig das Paul-Ehrlich-Institut »Bundesamt für Sera und Impfstoffe«, www.paul-ehrlich-institut.de. Die ständige Impfkommission am Robert-Koch-Institut in Berlin, die bekannte STIKO, erarbeitet Empfehlungen, wogegen sich die Deutschen und vor allem ihre Kinder impfen lassen sollen. Was auf der STIKO-Liste steht, wird von vielen Krankenkassen automatisch übernommen. Nachzulesen auf der Website des Robert-Koch-Instituts, www.rki.de.

Zu der Kritik von Lee Reichman an BioShield siehe: *A Mix-up in Priorities.* Newsweek vom 5. April 2004, S. 49.

8. Kapitel: Forschung und Produktion

Einen guten Überblick über die Innovationen der letzten Jahrzehnte findet man in *Innovative Arzneimittel. Schlüssel zu therapeutischem Fortschritt.* Hg. vom Verband Forschender Arzneimittelhersteller. Außerdem gibt der Verband Sonderhefte zu einzelnen Krankheiten heraus. Zu bestellen über: www.vfa.de

Zu den Forschungsschwerpunkten von Big Pharma und der Produktivität der Biotechunternehmen: King, John: *Pipeline Gaps 2004*, aus: R & D Directions 2004.

Romeo Paolini, *Werden Biotech-Unternehmen verstärkt F&E Aufgaben der Pharmafirmen übernehmen?* Vortrag, Handelsblatt Jahrestagung Pharma, Berlin, 19./20. März 2003.

Anwaltskanzlei Finnegan, Henderson, Farabow, Garret & Dunner, *Biotechnology Innovation Report*, Benchmarks, Juni 2004.

Fiona Fleck, *WHO pulls two generic Aids drugs from approves list*, British Medical Journal vom 26. Juni 2004.

Philippe Cini, Raymond E. Schneider, *The Push for Modern Manufacturing*, Pharmaceutical Executive vom 1. März 2004.

Keith James, *Aligning Discovery and Development to Drive increased R & D Productivity*, Vortrag gehalten bei: The Economist 10th Annual Pharmaceuticals Conference, London, Februar 2004.

Future – Das Aventis-Magazin 1/2004. *Gesundheit und Ökonomie: Warum es viele Wege gibt Kosten zu senken*, S. 16–20; *Warum gute Forschung Zeit braucht*, S. 22–32. Hier werden auch die Tufts-Zahlen detailliert erklärt. Zu bestellen über das Internet unter www.aventis.com.

Über die ehrgeizigen Pläne der indischen Pharmaindustrie: HSBC, *Indian Pharmaceuticals*, 21. Juli 2004, zu beziehen über HSBC Trinkaus & Burkhardt, Königsallee 21–23, 40212 Düsseldorf.

9. Kapitel: Lizenzen

Windhover's Strategic Transactions Database. Vorgestellt auf der BioEuro im November 2003 in Frankfurt. Ein Dutzend Charts, welche die Umwege von Wirkstoffen präzise dokumentieren.

Why Alliances fail, aus: Pharmaceutical Executive, Juni 2004.

Scott Hensley, *Pfizer's size gives it a massive advantage over its generic rivals*, The Wall Street Journal vom 23. August 2004.

10. Kapitel: Klinische Studien

Gerd Gigerenzer, *Das Einmaleins der Skepsis. Über den Umgang mit Zahlen und Risiken*, Berlin Verlag, 2002.

Günter Stock, *Hormone (Replacement) Theory*, Berlin, 1. Juni 2004, interne Ausarbeitung. *Nachlassende Nachfrage: Wechseljahreshormone auf dem Rückzug*, Deutsches Ärzteblatt vom 15. Juni 2004.

Hersteller müssen Arzneimittelstudien allein finanzieren, Deutsches Ärzteblatt vom 22. Juli 2004.

Zur Verschleierung von Studienergebnissen: *How not to do medical research*. British Medical Journal vom 31. Mai 2003. *GlaxoSmithKline faces lawsuit over concealment of trial results*, British Medical Journal vom 12. Juni 2004. *Open access to industry's clinically relevant data*. British Medical Journal vom 10. Juli 2004. *Das Schweigen der Forscher*. Frankfurter Allgemeine Zeitung vom 17. Dezember 2003, Seite N2. Zum gleichen Thema: *The sounds of silence; Clinical trials*. The Economist vom 11. September 2004.

Zur Einflussnahme auf die Ergebnisse von Studien: *Daten schütteln, bis das Ergebnis passt*. Süddeutsche Zeitung vom 8. Juni 2004, S. 13.

Hormon-Hü-&-Hott. Bunte vom 4. März 2004, S. 109.

Deutsches Cochrane Zentrum, Stefan-Meier-Str. 26, 79104 Freiburg. Weltweite Informationen zu klinischer Forschung und klinischen Studien: www.cochrane.org.

Die deutschen Ethikkommissionen, der Wissenschaftsrat und auch die Forschenden Arzneimittelhersteller setzen sich für ein nationales Studienregister ein. Wichtige internationale Fachzeitschriften haben sich 2004 verpflichtet, nur noch über Studien zu schreiben, die registriert wurden.

Die Informationen für den Kasten »Feste Ordnung« lieferte der Verband Forschender Arzneimittelhersteller, Berlin. www.vfa.de.

Einfacher und fester Stand. An einem Kongress in Wien werden widersprüchliche Vergleichstests der drei auf dem Markt erhältlichen Potenzmittel präsentiert, Neue Zürcher Zeitung am Sonntag vom 28. März 2004.

11. Kapitel: Zulassung

Das Medikament in der Haftung – ein Produkt wie jedes andere? Rechtsanwaltssozietät Lovells, Presseworkshop 4. September 2003. Eine ausführliche und verständliche Darstellung des deutschen und des amerikanischen Produkthaftungsrechts und der Problematik von Nebenwirkungen bei Medikamenten. Zur Giftigkeit von Arzneimitteln siehe S. 48: »Jede Arznei ist gleichzeitig auch ein Gift. Das griechische Wort ›Pharmakon‹ bedeutet ebenso Heilmittel wie Gift. Giftigkeit ist keine Eigenschaft, sondern eine Wirkung, und diese wiederum ist gekennzeichnet durch die Art der Substanz, ihre Dosis und die Eigenschaften des betroffenen Organismus. Es ist zwar eine naturwissenschaftlich begründete, aber leider schwer nachvollziehbare Erkenntnis, dass die Ambivalenz zwischen erwünschten und unerwünschten Eigenschaften grundsätzlich in ein und demselben Stoff stecken kann.«

EMEA: Informationen über die Organisation der Behörde und die zugelassenen Medikamente findet man im Internet unter www.emea.eu.int. Außerdem: The European Agency for the Evaluation of Medical Products. Annual Reports.
Der Ausschuss für Orphan Drugs bei der EMEA heißt Committee for Orphan Medical Products – COMP. Typische seltene Krankheiten sind Mukoviszidose, Tyrosinose, Chorea Huntington.

Die US-Zulassungsbehörde FDA hat die Internet-Adresse www.fda.com. Die Informationsdichte, auch zu Medikamenten, ist überwältigend.

Zum Thema Sicherheit: Während die FDA noch verlangt, ein Arzneimittel müsse »safe« sein, drückt sich das deutsche Arzneimittelgesetz schon vorsichtiger aus und spricht von »unbedenklich«, was dem allgemeinen Sprachverständnis nach das gleiche ist, jedoch nicht etwa »unschädlich« bedeutet. Die Schweden haben den Sicherheitsbegriff relativiert und sprechen von »degree of safety«, was ausdrückt, dass man sich absoluter Sicherheit nur nähern, sie aber nicht erreichen kann.

Reginald Rhein, *How Aids drugs got the fast track treatment,* Script Magazine, Juni 2004.

Im deutschen Vioxx-Beipackzettel stand unter dem Stichwort »Herz«: »Sehr selten: Herzleistungsschwäche (Herzinsuffizienz), Herzklopfen, Wassersammlung in der Lunge (Lungenödem). Einzelfälle: Herzinfarkt (ursächlicher Zusammenhang nicht nachgewiesen).«

Zur Rücknahme von Vioxx: *An unequal partnership between safety and efficacy.* Editorial in der Fachzeitung Lancet vom 10. Oktober 2004. Siegfried Hoffmann: *Die Assekuranz war bei Vioxx schon vorgewarnt,* Handelsblatt vom 11. Oktober 2004. *Kritik an FDA wegen Vioxx – Schadensbegrenzung der Mitbewerber.* Deutsches Ärzteblatt vom 4. Oktober 2004.

Die Möglichkeit, als Unternehmen mit Orphan Drugs reich zu werden, beschreibt Thomas Maeder: *The Orphan Drug Backlash,* Scientific American vom 1. Mai 2003.

12. Kapitel: Lobby

Die Gesundheitspolitik im amerikanischen Präsidentschaftswahlkampf: *Drug Companies increase spending on Efforts to Lobby Congress and Governments.* The New York Times, 1. Juni 2003. *Medicare costs are new focus for candidates.* The New York Times vom 12. November

2004. *Bush hilft Pharma, Kerry der Biotechnologie.* Frankfurter Allgemeine Zeitung vom 9. September 2004.

Alle deutschen Pharmaverbände stellen sich im Internet vor.

Die Untersuchung *Imageprofile* führt alle zwei Jahre das Hamburger manager magazin durch. Die aktuellste Version stand in Heft 2/2006.

13. Kapitel: Patientenorganisationen

Von Abhängigkeiten und Überlebenschancen, Patienteninitiative und Sponsoring. Beiträge einer Fachtagung der Theodor Springmann Stiftung, Berlin 2003.

Häufige Schadensersatzklagen gegen Radiologen wegen Mammographie. Deutsches Ärzteblatt vom 2. August 2004.

Ulla Ohlms, *Meine Selbsthilfegruppe heißt: www.brustkrebs-info.net.* Beitrag im Selbsthilfegruppenjahrbuch 2003 der Deutschen Arbeitsgemeinschaft Selbsthilfegruppen.

Ursula Goldmann-Posch, *Brustkrebspatientinnen zwischen Pharma und Politik*, 5. Novartis Forum. Medizinische Trends im gesellschaftlichen Diskurs, Berlin am 25. Oktober 2002.

Andrew Herxheimer, *Relationships between the pharmaceutical industry and patients' organisations.* British Medical Journal vom 31. Mai 2003, S. 1208–1210.

Ihr Kampf gegen den Arthroseschmerz. Frau im Spiegel, Ausgabe 39, vom 18. September 2003, S. 50.

Marietta Miemietz, *Auswirkungen von Preisänderungen auf Unternehmen und Aktien*, HSBC Bank, London, 23. März 2004.

Pharmaunternehmen glänzen mit Forschungsergebnissen, Frankfurter Allgemeine Zeitung vom 7. Juni 2004.

Alles über ASCO auf der Internetseite www.asco.org.ac.

Dramatischer Rückschlag für die Merck-Aktie, Frankfurter Allgemeine Zeitung vom 1. Oktober 2004. *Merck-Debakel schreckt Pharma-Aktionäre*, Frankfurter Allgemeine Zeitung vom 2. Oktober 2004.

Quantifying R & D pipeline risk, Goldman Sachs Global Equity Research, 14. Juli 2003.

Andy Heines, Andrew Cassels, *Can the millenium development goals be attained?* British Medical Journal vom 14. August 2004.

How model behaviour brings market power, Financial Times vom 22. August 2004.

Jochen Duelli, *Nüchterne Fakten statt kühner Visionen*, Börsenzeitung vom 8. März 2003.

Fiona Fleck, *Spending on neglected diseases has increased*, British Medical Journal vom 22. Mai 2004.

Skeptische Stellungnahmen zu Public Private Partnership: Andreas Wulf: *Der Global Fund to fight Aids, Tuberculosis and Malaria – Hoffnungsträger oder Scheininnovation?* Pharma-Brief Spezial 1/2004. Erika Feyerabend, *Selbsthilfe und Pharmaindustrie – eine gefährliche Partnerschaft*, Pharma-Brief Spezial 1/2004.

50 years of the Fortune 500. Fortune special issue Europe Edition, April 2004.

Mark Landler, *Diet pill was a driving force in a French drug merger*, The New York Times vom 7. September 2004.

Angaben über Kurse und Marktkapitalisierung liefert der Börseninformationsdienst Bloomberg.

Zu den Einkommen: Für US-Manager findet man Angaben unter der Internet-Adresse www.forbes.com und in den Geschäftsberichten der Gesellschaften. Die Gehälter europäischer Manager stehen ebenfalls in den Geschäftsberichten.

15. Kapitel: Patienten 2010

Zum Thema »Polypille« siehe: British Medical Journal vom 28. Juni und 4. Oktober 2003.

Zur Alterung unserer Bevölkerung: Auf jeden Senioren (65 Jahre und älter) kommen heute vier jüngere Menschen (15 bis 64 Jahre). In den nächsten 20 Jahren wird dieser »Altersquotient« auf 1:3 steigen, in den nächsten 40 Jahren gar auf 1:1. Bis 2050 wird die Bevölkerung von heute 82 auf 70 Millionen sinken. Die Zahl der Hochbetagten (80 Jahre und älter) wird sich mindestens verdreifachen.

Friss oder stirb. 4000 Tonnen verschriebene Arzneimittel gelangen in Deutschland jährlich auf den Müll, Der Spiegel vom 12. Januar 2004.

16. Kapitel: Pharmaindustrie 2010

Die Ursache einer Krankheit zu beheben, statt nur die Symptome zu behandeln, ist das ehrgeizige Ziel der Gentherapie. Die Wissenschaftler unterscheiden zwei Methoden: zum einen die direkte, intravenöse oder intermuskuläre Verabreichung von Erbmaterial (DNA) – also die direkte Behandlung am Menschen. Zum anderen die Zelltherapie. Bei dieser Methode werden defekte Zellen dem Körper entnommen, außerhalb des

Körpers behandelt und die veränderten Zellen wieder zurückgebracht. Das große Problem ist das Einschleusen der neuen Zellen an die richtige Stelle. Die Gentherapie ist nicht zu verwechseln mit genetisch hergestellten Medikamenten. Bei der Gentherapie werden die Gene der Menschen behandelt.
Bei genetisch hergestellten Arzneimitteln produzieren Mikroorganismen einen Wirkstoff. Der Apothekenumsatz mit gentherapeutischen Medikamenten beträgt in Deutschland 1,7 Milliarden Euro pro Jahr. Die wichtigsten Produkte sind Insuline.

Pharma 2010, The Treshold of Innovation und *Silicon Reality,* IBM Business Consulting Services, New York 2002 und 2004.

The Future of the Blockbuster Model, in: www.ims.health.com/ims/portal/front/article vom 1. März 2003.

Kathy Ordonez (Präsident Celera Genomics), *Targeted Medicine*, Vortrag vom 12. Februar 2004, gehalten bei: The Economist 10th Annual Pharmaceuticals Conference, London.

Über die Entwicklung des Marktes für Krebsmedikamente: *Tap into the $ 20 billion cancer market,* MedadNews, Falls Church (USA) vom 9. Juli 2004.

Clifton Leaf, *Why we're losing the war on cancer, and how to win it,* Fortune Magazine vom 22. März 2004.

Biochips werden ausführlich erklärt in Roche-Magazin, Basel, Heft 12/2002, S. 5–16.

Literaturempfehlungen

Christian Bauer, *Mensch, Körper, Krankheiten,* 4. Auflage, München

Jörg Blech, *Die Krankheitserfinder. Wie wir zu Patienten gemacht werden,* Frankfurt a.M. 2003

Volker Fintelmann, *Quo Vadis – Medizin am Scheideweg,* Stuttgart, Berlin 2000

Dagmar Fischer/Jörg Breitenbach, *Die Pharmaindustrie. Einblick – Durchblick – Perspektiven,* Heidelberg, Berlin 2003

Gerd Gigerenzer, *Das Einmaleins der Skepsis. Über den Umgang mit Zahlen und Risiken,* Berlin 2002

Dietrich Grönemeyer, *Mensch bleiben,* 6. Auflage, Freiburg 2003

Kurt Langbein, Hans-Peter Martin, Hans Weiss, *Bittere Pillen. Nutzen und Risiken der Arzneimittel,* 76. Auflage, Köln 2004

Rolf Rosenbrock, Thomas Gerlinger, *Gesundheitspolitik,* Bern 2004

Handbuch Medikamente – Vom Arzt verordnet – Für Sie bewertet. Stiftung Warentest, 6. Auflage, Berlin 2004

Gelbe Liste, Identa, MediMedia, Medizinische Informations GmbH, Neu-Isenburg (wird jährlich aktualisiert)

Englischsprachige Bücher

Jerry Avorn, *Powerful Medicines,* New York 2004

Tom Blackett u. Rebecca Robins, *Brand Medicine,* New York 2001

Alex Frankel, *Word Craft,* New York 2004

Fran Hawthorne, *The Merck Druggernaut. The Inside Story of a Pharmaceutical Giant,* New Jersey 2003

Daniel Vasella, *Magic Cancer Bullet. How a Tiny Orange Pill Is Rewriting Medical History,* New York 2003

The Big Fix. How the Pharmaceutical Industry Rips Off American Consumers, New York 2003

Pharmacentical for Beginners, a guide to the pharmacentical industry, Deutsche Bank AG, Frankfurt 2003

Informationen im Internet

Internationale Organisationen

www.who.org – Webside der Weltgesundheitsorganisation
www.emea.eu.int – Zulassungsbehörde EMEA
www.fdanews.com – US-Zulassungsbehörde FDA

Deutsche Organisationen

www.afgis.de – Die Internetseite wurde vom Bundesgesundheitsministerium eingerichtet. Die Nutzer können damit die Qualität und Inhalte von Internetseiten überprüfen.
www.iqwig.de – Mitteilungen des Instituts für Qualität und Wirtschaftlichkeit im Gesundheitswesen. Hier findet man Bewertungen von Arzneimitteln.
www.stiftung-warentest.de/medikamente – Eine Datenbank der wichtigsten Medikamente von der Stiftung Warentest
www.patienten-information.de – Hier finden Patienten ohne medizinische Vorbildung deutschsprachige Behandlungstipps
www.die-gesundheitsreform.de – Ausführliche Informationen und Praxisbeiträge für chronisch Kranke
www.bzga.de – Wissenswertes zu Themen wie Suchtprävention, gesunde Ernährung und Familienplanung

Deutsche Verbände

www.vfa.de – Verband Forschender Arzneimittelhersteller
www.arzneimittelscout.de – Informationen des Bundesverbands der Arzneimittelhersteller

Zeitungen

www.aerzteblatt.de – Täglicher, kostenloser Newsletter zu den Themen: Deutsches Gesundheitswesen, Klinische Studien, internationale Ereignisse
www.bmj.com – Das British Medical Journal stellt alle Ausgaben kostenlos ins Netz
www.thelancet.com – Die wichtigsten internationalen Ereignisse und Themen aus Medizin und Pharmazie

Register

N

O